いつも、気づけば神宮に

東京ヤクルトスワローズ「9つの系譜」

長谷川晶一
Hasegawa Shoichi

集英社

いつも、気づけば神宮に

東京ヤクルトスワローズ「9つの系譜」

長谷川晶一
Hasegawa Shoichi

集英社

TOKYO YAKULT SWALLOWS 2017

明治神宮野球場

目次

第三章
脇役の系譜
渋く、地味で、目立たなくとも……

第七章
「野村」という劇薬
ＩＤ野球と超二流の系譜

第八章
傷つき、打ちのめされても
リハビリの系譜

序　章　きっかけは、一冊の手帳から

僕はヤクルトスワローズファンなのだ――。

はっきりと自覚したのは10歳になる年のことだった。僕は1970（昭和45）年生まれなので、それは80年、武上四郎監督1年目のシーズンだということになる。

この年、生まれて初めてヤクルトファンクラブに入会した。

その後、中学生になっても、高校生になっても、大学生になっても、社会人になっても、ヤクルトファンクラブに入会し、さらに2005（平成17）年からは12球団すべてのファンクラブにずっと入り続けることになる。

まさか、そんな大人になろうとは想像もしていなかった。

ご存知の方もいるかもしれないが、僕は14年、『プロ野球12球団ファンクラブ全部に10年間入会してみた！』（集英社）という、実にバカバカしい本を出版した。内容はタイトルそのままで、1リーグ構想に端を発した04年の球界再編騒動を契機として、翌05年から全球団のファンクラブに入会し続けた顛末《てんまつ》を綴《つづ》ったものである。

この愚行の動機は単純で、「ファンサービスの重要性が叫ばれている今だからこそ、全球団のファンクラブに入会すれば、各球団のファンサービスへの取り組み方が見えてくるのではないだろうか？」と考えたからだった。——というのは、半分は本当だけど、残り半分は「なんだか面白そうだから」という、単なる興味本位でもある。

そもそも、小学4年生の頃からずっとヤクルトファンクラブに入会していたため、「ファンクラブ」は常に身近な存在だったのだ。

話がそれた。80年の開幕前に話を戻そう。

プロ野球に興味を持ち始めたばかりの10歳の少年にとって、「青い帽子」はたまらなく魅力的に映った。広島の赤は、元々好きな色ではなかった。巨人の黒にオレンジのコンビネーションは、僕にはたまらなくダサく思えた。同じく、阪神の黒と黄色の組み合わせも、カッコいいとは思えなかった。「青は男の色」と信じ切っていた少年は、同じ青でも、水色の中日はピンと来なかった。残るは紺を基調とした大洋とヤクルトだ。

色味としてはどちらも好きだったけれど、アルファベット一文字の「W」よりは、「Y」と「S」を組み合わせた「YS」のヤクルトの方がカッコよく思えた。

大人になって振り返ってみると、このときパ・リーグ球団がまったく選択肢に入っていなかったのは、その存在をよくわかっていなかったのだろう。

きっかけは単純だった。「帽子が青で男の色。そして、チームロゴがYSでカッコいいから」という、ただそれだけの理由で僕はヤクルトファンになったのだ。

やがて大人になり、僕はフリーランスの物書きとなった。

野球に関する原稿を書くことが多くなり、前述したように12球団すべてのファンクラブに入会して、その比較原稿を書いたり、ヤフオクで昔の野球グッズを落札してバカバカしい寸評を加える原稿を書いたりするようになった。

そんなある日、ヤフオクにアクセスしていて、思わず「オオッ！」と声を上げてしまった。

野球に関するヘンなもの、レアなものをゲットすることを趣味としている僕にとって、ヤフオクは絶好の漁場だった。趣味が高じて「ヤフオクゲッター」という肩書きで野球専門誌に連載を持つことになったため、日頃からチェックを欠かさないのだが、「オオッ！」と口にしてしまうほどの「逸品」に出合うことはかなり珍しい。

この日、パソコンのモニター上に映し出されていたのはこんなモノだった。

「ヤクルトスワローズファンクラブ会員手帳　１９８０」

賢明なる読者諸兄なら、すでにお気づきであろう。

ヤフオクで出品中の「ファンクラブ会員手帳」が発行された80年こそ、僕が初めてファンクラブに入会した年なのだ。

ここで出品されている手帳を、僕も当時使っていたが、あれから35年以上が経過し、毎日学校に持っていくほど愛用していた手帳もとっくの昔に紛失してしまっていた。

そうなれば、「どうしてもゲットしたい！」と思うのが人情というもの。出品価格はまさかの１００円。

（こんな古いモノ、他にほしがる人もいないだろう……）

入札終了まで残り5日、僕は軽い気持ちで入札した。しかし、落札当日。まさかのライバルが登場し、どんどん価格を釣り上げていく。間の悪いことに、このとき僕は海外取材の真っ只中で香港滞在中だった。たまたまスタッフたちと酒場で飲んでいたところで、僕はトイレに行く振りをして、スマホ片手に姿の見えぬライバルとの入札合戦を繰り広げた。

そして、何度かの息詰まる攻防の末に「ヤツ」が折れた。

落札価格は３４００円。金に糸目はつけないつもりだったので、僕にとっては大満足の価格だった。入札件数は53件。僕と「ヤツ」との間で、繰り返された入札応酬史だった。

(勝った、勝った。ついに、オレはやったのだ……)

不惑も半ばを過ぎた男の感慨にしては、実にチープな勝利宣言かもしれない。しかし、このときの僕は明らかに勝利の美酒に酔っていた。香港のバーの薄暗いトイレで、僕は完全に浮かれていたのだった――。

*

香港から帰国後、ついに「ブツ」が届いた。

丁寧に開封すると、ビニール袋に入った青い手帳が目に飛び込んでくる。

（これだ、これだ。まさに、毎日学校に持っていき、何度も熟読した手帳だ！）

この手帳は、単なる「スケジュール帳」としての機能だけではなく、「公式戦日程表」「選手名鑑」「年度別成績表」「球団30年史」など、読み物企画も充実していた。特にこの「球団30年史」は、当時何度も何度も繰り返し読んだ。

昭和25年の「球団誕生」から、昭和27年に佐藤孝夫が球団初の新人王に輝いたこと、昭和30年に町田行彦《ゆきひこ》が球団初のホームラン王に輝いたことなど、自分が生まれる前の「歴史的出来事」に、僕は胸を躍らせた。

70年生まれで当時10歳の少年にとって、１５６０年の「桶狭間の戦い」も、１９６５年の「サンケイスワローズ発足」も、「昔の出来事」という意味では同義だった。まるで戦国武将たちの武勇伝を読むように、金田正一《まさいち》、武上四郎、若松勉、大杉勝男、松岡弘《ひろむ》、大矢明彦、広岡達朗らの活躍ぶりに夢中になった。

これらの記事を繰り返し読んだことで、いつしか僕は「ヤクルト博士」になっていく。とは言え、クラスメイトの中に誰もヤクルトファンはいなかったので、この知識が役に立つことは一度もなかった。以来、毎年のようにヤクルトファンクラブに入会し、神宮球場に通い続けた。

ときは80年代、後に「バブル景気」と称される浮かれた時代へと突入していく頃のこと。しかし、ヤクルトは80年こそ2位となったものの、以降は一度もAクラスに浮上することなく、大洋ホエールズとともに最下位争いを続けていくことになる。

80年代とは、僕にとっては10歳から19歳までの10代の日々であり、ヤクルトにとっては弱小時代のど真ん中にあった、そんな時代だった。青い手帳を手に取って、改めて「球団30年史」のページを繰ってみると、あの頃何度も読んだ文章と選手たちの似顔絵を目にして、胸が熱くなる。

そして、ふと気がついた。

この「30年史」には若松や大杉、松岡は登場するものの、荒木大輔も、池山隆寛も、ボブ・ホーナーも、黒歴史のホアン・アイケルバーガーも、栄光の古田敦也も、岡林洋一も、伊藤智仁も、宮本慎也も、青木宣親《のりちか》も、山田哲人も登場しないのである。

当然、90年代の「黄金時代」の立役者である野村克也についての言及は一行もない。

50年の球団誕生から79年の最下位までの「30年史」は完全に網羅されているのに、80年から現在にいたるまでの歴史はまったく掲載されていない。もちろん、平安時代の古文書に関ヶ原の戦いが載っているはずがない。頭では理解している。「予言の書」ではないのだからそれも当然のことなのに、僕にはとても物足りなく感じられた。

ティーンエイジャーだった80年代。大学に進学し、社会人として歩み始めた90年代。三十路《みそじ》を迎えた00年代。そして、不惑となり、日々の生活に悪戦苦闘しながら、何とか文章を紡ぎ続けている10年代。僕のこれまでの道のりは常にヤクルトとともにあった。これらの日々が、手元の青い手帳にはすっぽりと抜け落ちているのが納得できなかった。

そして僕は、驚愕《きょうがく》の事実に気がつくことになる。

僕が初めてヤクルトファンクラブに入会した80年から現在まで、実に35年以上ものときが流れていたのだ。そんな、ごくシンプルな現実にものすごく驚いた。かつて読んだ「30年史」よりも、さらに長い時間が経過していたのだ。

僕の頭の中には、この間のスワローズ戦士たちの雄姿が鮮やかによみがえってくる。

80年代は決して強いチームではなかった。それでも、悔しさを噛《か》みしめながら神宮球場で声援を送り続けた。昭和から平成へと時代は移り変わり、やがて訪れる90年代には野村克也監督の下で、黄金時代を迎えることになった。連日、神宮には傘の花が咲き、「ヤクルトにこれだけのファンがいたのか？」と驚いたのも、この頃のことだった。90年代にヤクルトは4度のセ・リーグ優勝、3度の日本一に輝いているが、そのすべての胴上げシーンを球場でこの目で見届けたことは、僕のささやかな自慢であり、誇りでもある。

99年からは、子どもの頃から大好きだった若松勉が監督となり、01年に日本一に輝いた。横浜スタジアムでのリーグ制覇、神宮での日本一。いずれも、胴上げで若松監督が一回転する場面を球場で目撃した。その後10年代となり、石川雅規、館山昌平が投手陣の屋台骨を支え、由規の台頭と苦悩もつぶさに見守り続けてきた。

そうそう、06年の東北楽天ゴールデンイーグルス戦でリック・ガトームソンが交流戦初となるノーヒットノーランを達成した瞬間には神宮のライトスタンドで歓喜のビールを呑んだ。あるいは13年にウラディミール・バレンティンが放ったシーズン最多本塁打記録となる56号弾も、神宮のスタンドから見届けた。

この間、僕はただの一ファンでしかなかったけれど、それでも、「僕もスワローズの一員なのだ」という気概だけは持ち続けてきた。

80年のファンクラブ手帳を眺めているうちに、僕の胸の内には「ここに描かれていないスワローズ史」がありありと浮かんでくる。

そして、ふとひらめいた。

（80年以降の《スワローズ史》を、自分の手で作ってみようか……）

とは言え、編年体の歴史書を作るほど、マメな性格でもないし、僕自身そんなものを書きたいわけでも、読みたいわけでもない。ならば、どんなものを書けばいいのか？

しばらくの間、いろいろなスタイルを模索していて、旧知の編集者に相談したところ、悩みは一気に解決する。彼は言った。

「そんな大げさなことなど考えずに、個人的な思い入れたっぷりに、長谷川さんなりの《極私的スワローズ史》をまとめてみればいいじゃないですか！」

ヤクルトへの個人的な思いを描く「極私的スワローズ史」――。

彼の提案は、実に魅力的だった。自分でも、しばしば考えたことがある。

（僕はどうして、こんなにヤクルトが好きなのだろう？）

その答えはまったく出なかった。あえて言葉にするならば、「好きなものは好き」としか言いようがなかった。

ならば、「どうしてヤクルトはこんなにも魅力的なチームなのだろう？」「自分はヤクルトのどこに惹《ひ》かれたのだろう？」という謎解きをする旅に出ようじゃないか！　現役とＯＢ選手たち、約50名に話を聞いて回る取材はこうして始まった。

そして、私的スワローズ史をたどっていくうちに、僕の胸の内には「スワローズ９つの系譜」がおぼろげながら浮かび上がってきた。そこで本書では、９章に分けて、順に「９つの系譜」をたどっていくことにしたい。

改めて、考えてみる。

これまでの人生の中で、僕は神宮球場でどれだけの試合を見てきたのだろうか？

10代の頃は千葉に住んでいたので、年に数試合しか見られなかった。でも、東京で生活を始めた20代以降は年に20～30試合は神宮に足を運んでいたと思う。正確な数字はもはやわからないけれど、これまでに一千近い数の試合を球場で観戦しているはずだ。

もちろん、球場に行けない日でもフジテレビの『プロ野球ニュース』や、定期購読している週刊ベースボール、日刊スポーツを通じて、日々の戦いを追い続けてきた。

詳細な記憶は曖昧《あいまい》にはなっているものの、それでも80年から現在にいたるまでのヤクルトの試合に関心を持ち続けてきたのは間違いない。

ならば、「ヤクルトの魅力を探る旅」は、僕が考える「生涯ベストゲーム」をたどることから始めることにしたい。そこには、「ヤクルトとは何か？」を知るヒントが隠されているような気がするからだ。

僕は、どうしてヤクルトが好きなのだろう？

まずは、「第一の系譜」、甲子園球場にナビスコ・チップスターの空き缶が舞ったあの夜。いや、「大杉勝男の幻のセ・リーグ２００号」が放たれたあの日の出来事から振り返ってみたい――。

第一章

かすみ草の系譜

甲子園の夜空にポテチの空き缶

マイノリティーの悲哀を感じた「あの日」

東京・銀座の瀟洒《しょうしゃ》なホテル。ティーラウンジのゆったりとしたソファに身を沈めていたのは広沢克己（広澤克実）だった。ヤクルト、巨人、そして阪神で四番を務めた広沢に会うのはこれが初めてのこと。彼にはどうしても確認したいことがあった。

およそ四半世紀前の小さな出来事。はたして、彼が「それ」を記憶しているのか？　多少の不安を抱きながら、取材の意図を説明する。すると広沢は小さくうなずいた。

「あぁ、あの日のことですか？　よく覚えていますよ……」

さっそく準備していた資料を取り出す。大きな身体をかがめながら、広沢がそれをのぞき込む。四半世紀にわたる疑問が氷解する瞬間が訪れようとしていた。

問題の核心に触れる前に、まずは「あの日」のことを振り返りたい――。

＊

1992（平成4）年10月10日、阪神甲子園球場。

この日、ありったけのバイト代を握りしめて、僕は大阪に向かった。当時、僕は大学2年生、22歳。ヤクルトスワローズ14年ぶりの優勝までマジック1。「悲願達成の瞬間を、ぜひ現地で迎えたい」と、新幹線に飛び乗ったのだった。

観戦チケットなど持っていなかった。球場周辺にたむろするダフ屋からチケットを譲ってもらうつもりだった。それが違法行為だということは、もちろん承知していた。

それでも、ネットオークションのない時代。チケットを入手するにはそれ以外の方法が見つからなかったのだ。一体、いくら必要なのか？　皆目見当がつかない。そのとき、銀行口座にどれくらいの残高があったのかは覚えていないけれど、全額引き出して「それでも足りなければサラ金でキャッシングだ」という決意を胸に甲子園球場に向かった。

14時過ぎに球場に着いた。

阪神電鉄・甲子園駅の改札を抜けるとすぐに、怪しげな風体のオッサンたちの姿を確認できた。彼らはみな、チケットらしきものを手にしている。マイク・タイソン風のいかついオッサンは怖かったので、同じボクサータイプでも気の弱そうな大橋秀行タイプの視界に自ら入っていき、存在をアピールしてみた。

「チケットあるよ！　余り？　余りがあれば高く買うよ！」

顔は優しそうだったが、ドスの利いた低い声だった。僕は静かに近づき、「チケットがほしいんですけど……」と口にする。

「内野1万5千、外野1万……」

辺りを窺《うかが》うように、オッサンは短く言った。

少なくとも3万円は超えるだろうと踏んでいたので、思わぬ安さにホッとする。

何しろこのとき、阪神にもまだ優勝のチャンスがあったのだ。ヤクルトと阪神の直接対決は残り2試合。2ゲーム差でリードするヤクルトは1勝すれば14年ぶりの優勝が決定。しかし、阪神が連勝すれば同率でプレーオフが行われ、奇跡の大逆転優勝が可能となる。阪神ファンも大注目の一戦が2万円足らずで観戦できるのだ。迷うことはない、即決だ。

少しでも臨場感を味わうべく、1万5千円の内野席チケットを買おう。

ポケットから財布を取り出そうとすると、オッサンはすぐに、「向こうに行け」と目配せをしながら歩きだした。慌ててついていく。

「できれば、ヤクルト側の席がほしいんですけど……」という僕の言葉を聞いて、男は「兄ちゃん、ヤクルトファン？」と訝《いぶか》しげに口にしたが、「大丈夫、一塁側、三塁側共通券だから」と興味なさそうにチケットを手渡してくれた。財布の中に1万円札しかないことを後悔しながら2万円を手渡すと、きちんとお釣りをくれたことにまずは安堵《あんど》する。

（とりあえずこれで試合は観戦できる……。大阪までやってきたことが無駄にならなくてよかった……）

18時の試合開始まではまだ時間があったけど、一刻も早く座席を確保したかった。すでに開門していたので、僕は足早に三塁側内野席入口を目指した。

すぐにトラ柄のハッピを身にまとった高校生らしき少年の姿が視界に入る。彼は「ヤクルトスワローズ応援コール」と書かれた段ボールを掲げていた。


飲んだら死ぬぞ、ヤクルト！

ヤクルトミルミル、大腸菌！

飯田の先祖は、大泥棒！

古田の本名、野比のび太！

強制送還、ハウエル！
女ったらし、池山！
南野《ナンノ》に謝れ、池山！

さらに、その脇には「国歌」と大書されて『六甲おろし』の歌詞が書かれてあり、阪神の帽子をかぶった男たちが大合唱している。まだ昼過ぎなのに明らかにみんな酔っ払っていて、その傍《かたわ》らでは「古田、もう一回（デッドボールを）当てたる！」と叫ぶ男もいる。これはその3日前の10月7日、神宮球場でのヤクルト対阪神戦。阪神の仲田幸司による古田へのデッドボールを踏まえてのものだろう。

とんでもないアウェイ感を覚えながら、僕は球場内へと進んでいく。

無事に座席を確保したのは14時40分のことだった。試合開始まではまだ時間があったものの、球場はすでに多くの観客でにぎわっていた。

予想はしていたけれど、三塁側とはいえ、辺りは黄色と黒の集団ばかりだった。球場内には警察官、ガードマンもかなりの人数が闊歩《かっぽ》している。

（いざとなったら、守って下さい……）

祈るような上目遣いで見つめたものの、もちろんノーリアクションで彼らは僕の目の前を通り過ぎていく。しかし、この数時間後、僕は彼らに命を助けられることになるのだが、このときはまだ知る由もない。

座席に荷物を置いて、スタンド内を歩く。銀傘《ぎんさん》、アルプススタンドなどなど高校野球中継でおなじみの景色がそこにはあった。

遠くレフトポール付近にも阪神ファンが大挙して押し寄せているのが見える。その中に埋もれるようにして、ヤクルトファンらしき小さな集団が見える。

（おぉ、同志よ。ともにマイノリティーとしての気概を忘れずに頑張ろう！）

すると、内野席にもヤクルト応援団がいたことに気づいた。阪神ファンが大半を占める中でマイノリティーとして生きる苦しさを分かち合おうと近寄る。

――今日の応援はやりづらそうですね。

「そうだね。でも、いつも通りやるしかないでしょ」

突然、話しかけられたためか、初老の男性応援団からは警戒心が滲《にじ》み出ている。僕は、自分の身を守るべくヤクルトの帽子もかぶっていないし、応援傘も持っていない。阪神ファンから因縁を吹っ掛けられたと勘違いしたのかもしれない。

――僕もヤクルトファンなんです。胴上げを見るために東京から来ました。

「おっ、そうなのか。うちらも東京からだよ。いつも神宮で応援しているんだ」

しばらくの間、鈴木と本間と名乗るふたりの応援団と雑談を交わした後に、僕は再び席に着く。周りはさらに黄色一色に染まっていた。

16時00分――この日最初のビールを呑む。すでにスタンドは9割方埋まっている。グラウンドではスワローズナインがバッティング練習を行っている。このとき、僕の席から通路を隔てた5段ほど前の座席だけがポッカリと空席のままだということに気がついた。注意して見ると、そこには「警察官席」と銀地に緑色の文字で書かれてあり、その付近には10名ほどの警察官がこわばった面持《おもも》ちで、何やらひそひそ話をしていた。

17時05分――太陽は一塁側の向こうに沈んだ。

17時15分――甲子園上空がオレンジ色に染まっている。照明塔が点灯され、カクテル光線が少しずつ夕暮れを侵食していく。あと45分に迫った試合スタート。そして、約3時間後に迫った歓喜の瞬間を想像して、僕は身震いをする。すでにビールは3杯目だった。

17時20分――突然、球場中に大音響で『六甲おろし』が響き渡った。同時に、阪神ファンが一気に立ち上がり絶叫に近い大合唱が始まった。「地鳴りのような」という形容が頭に浮かぶ。そして、歌詞に合わせて黄色いメガホンが一斉に同じ方向に揺らめいている。今度は「風に揺れる麦畑」というフレーズが頭に浮かんだ。

このとき、僕はハッキリとレフトポール際にわずかに陣取ったヤクルト応援団の存在を認めた。この部分以外は総立ちになってメガホンを振っている。黄色いメガホンが「金色の麦畑」だとしたら、緑のメガホンを手にしていたヤクルト応援団は「苔《こけ》むした体育館裏」のようだった。僕は大きなため息をついて4杯目のビールを呑み干した。

17時58分――いよいよ、プレーボールが迫ってきた。一番・飯田哲也がネクストバッターサークルに登場。外野の片隅からは飯田の応援歌がトランペットで奏でられ、数少ないヤクルト応援団が「飯田コール」を始める。

この瞬間、球場中が「帰れコール！」に包まれた。マジョリティーによるマイノリティーへの迫害。なるほど、民族問題の本質はこんなところにも転がっているのか。いや、ひょっとするとこれは「阪神教」と「ヤクルト教」の宗派対立なのかもしれない。

いずれにしても、決して譲れぬイデオロギー闘争なのだ。

18時01分——プレーボール。このときもまだビビっていて、東京から持参したヤクルトの帽子もかぶらず、僕は表情も変えることなく、心の中で歌っていた。(♪キャッチャー、センター、セカンド、どこでも守れる〜。足なら誰にも負けない、韋駄天《いだてん》、飯田!)

四半世紀にわたる「疑問」が芽生えるのは、もう少し後のことだった——。

大杉勝男の「セ・リーグ200号」を僕は見た!

緊張の中で始まったゲームだったが、試合は終始ヤクルトペースだった。

1回表に先頭の飯田哲也が泳ぎながらもセンター前に弾《はじ》き返すと、すかさずセカンドに盗塁。浮足立っている阪神先発の湯船敏郎から、三番の古田敦也がタイムリーを放ってあっさりと先制。続く2回には五番のジャック・ハウエルが第37号ソロ。さらに4回には、2打席連続となる第38号ソロを放って、ヤクルトは5回終了時点で3対1とリード。試合の主導権を握っていた。

ヤクルト先発の荒木大輔は5回を1失点に抑える力投を披露する。さすが、大舞台に強い男、元祖「持ってる男」だ。

試合が進み、僕は完全に酔いが回っていた。すでに何杯のビールを呑み干したのかはまったく覚えていなかった。厳戒態勢の中での観戦という緊張のせいや、朝早く起きて新幹線に飛び乗った影響もあったのだろう。

唐突に僕の頭の中には、「あの80年代」のことが次々と鮮明によみがえってくる。

最初に思い出したのは荒木のプロ初先発、初勝利のことだった。

あれは83年5月のことで、僕は中学1年だった。子どもながらに「高卒ルーキー・荒木の先発はまだ早い」と考え、当時の武上四郎監督に対して、「客寄せパンダのような扱いをせずに、もっとじっくりと育ててほしい」と腹が立ったことをよく覚えている。

この日は千葉テレビで生中継が行われていたはずだ。テレビの前で、僕はかたずをのんで見守った。荒木は序盤から飛ばしに飛ばした。威勢のいいピッチングで5回を無失点に切り抜け、勝利投手の権利を得たところで二番手の尾花高夫につないだ。この当時の尾花は、先発、中継ぎ、抑えとフル回転して貧弱な投手事情を支え続けていた。

結局、この試合は2対1でヤクルトが勝利する。

荒木はプロ初勝利を飾り、尾花は見事にセーブをマークした。

続いて、思い出したのがこの試合でゴールデンルーキーに貴重な先制弾をプレゼントした大杉の嬉しそうな笑顔だった。

この日の試合後、大杉はこんなコメントを残している。

「荒木クンが200勝、300勝挙げたとき、初勝利の試合で大杉さんが一発打ってくれたことを思い出してくれればいいんだよ」

カッコよすぎる大杉の言葉は、大人になった後でもはっきりと覚えていた。

14年ぶりの優勝がかかった大一番を見ながら、大杉のことがくっきりと浮かんでくるのだから人間の脳というのは面白い。大杉はこの年の4月30日、肝臓がんにより47歳という若さで亡くなったばかりだった。彼は死ぬ間際まで、後輩たちのことを気にかけ、後輩たちもまた頻繁に大杉を見舞っていたという。

（天国の大杉さんは、必ず甲子園の夜空からこの試合を見ているだろう……）

ふいに、そんな思いが頭をよぎると同時に僕の瞳はあっという間に潤んでいく。

そして、記憶のうねりは子どもの頃からヤクルトを応援し続けてきた僕自身の10代の頃を鮮明によみがえらせる。

80年代のヤクルトはとにかく弱かった。

小学校時代は常にファンクラブ特典の青い帽子をかぶって生活していた。中学時代には野球部の先輩から、「ヤクルトはやっぱり昨日も負けたから」という理由でケツキックを喰らい、たまに勝利すれば「ヤクルトのクセに巨人に勝ったから」という理由でケツバットを浴びた。そして高校時代は、しばしば学校をサボって新宿をふらつき、夕方になるのを待って神宮に通ったものの、巨人相手に手も足も出ず、悔しい思いばかりを噛みしめて帰途に着くのが常だった。

子どもの頃から、僕の周囲にヤクルトファンは誰もいなかった。

みんなが巨人に夢中になり、阪神に熱狂していた頃、僕は大洋ファンの友だちとともに、ヤクルトと大洋のどちらが強いか（どちらが弱いか）を競っていた。

しかし今、自分の目の前ではたくましく育ったヤクルトの選手たちが優勝目指して、懸命に戦っているのだ。これ以上、卑屈になるな。周囲の阪神ファンにおびえ、自分を偽るな。ここは三塁側なのだ。一応、ビジター側なのだ。

（卑屈になるな。堂々としろ。カミングアウトしろ、オレ！）

僕はカバンからヤクルトの帽子を取り出して、深々とかぶった。

試合は6回表、阪神の攻撃に差しかかっていた――。

20時15分――ヤクルト二番手の加藤博人が降板。一死二塁の場面で、三番手の伊東昭光がマウンドに上がった。球場中に『蛍の光』が鳴り響く。うなだれてベンチに戻る加藤に対して向けられたものだが、僕にとっては優勝争いから脱落する阪神への鎮魂歌に聞こえた。

二死一、二塁の場面で登場した阪神六番・新庄剛志を伊東が三振に斬って取った。

ヤクルトの帽子をかぶったことで高揚していたのだろう。自分でも驚くような大声で、

「ヨシッ！！！！！！！！」

無意識のうちに立ち上がってしまった。

その瞬間のことだった――。

僕の背後から、「そこの青いの！　顔、さらせ！」と罵声《ばせい》が飛んできた。「青いの」とはもちろん、青いヤクルトの帽子をかぶった僕のことだろう。その言葉と同時に、柿の種が次々と僕をめがけて投げつけられる。周りの観客たちの白い目が痛い。しかし、ここで帽子をとることは悔しくてできなかった。ますます、周囲の目が気になる。

20時25分――7回表、ヤクルトの攻撃が始まると同時に球場中がガサガサゴソゴソと落ち着きがなくなった。阪神ファンが手元でジェット風船を膨らませ始めたのである。時折、バーンという破裂音も耳に飛び込んでくる。この回、ヤクルトの攻撃は三者凡退。実にあ

っけなく終了した。そして、『六甲おろし』の大合唱後、夜空に放たれたジェット風船。ロケット花火のような「ヒュー」というけたたましい飛行音と同時に、漆黒の闇夜が一瞬だけ黄色いベールに包まれた。

20時46分――8回表、ヤクルトの四番・広沢克己が打席に入った。僕は再び大杉のことを思い出す。彼が引退した後、彼の背負っていた背番号《8》を受け継いだのが広沢だった。ポジションも同じくファースト。チームの主砲、右の大砲として、広沢こそまさに大杉の正統なる後継者だった。

そのとき、僕は重大な事実に気がついた。

レフトスタンドから聞こえてくるヤクルト応援団のトランペット部隊が奏でているのは、普段の広沢のテーマ曲ではなく、かつて何度も耳にした大杉のテーマだったのだ。

右打席でバットを構える背番号《8》の姿が、生前の大杉の姿に重なって見える。涙で滲んだそのイメージは、ますます大杉の像を結んでくる。

そして、ドラマはなおも続く。

次の瞬間、広沢の放った大飛球はライトスタンドに消えた。特大の23号ソロは、右打ちのうまかった大杉のような実に豪快な一発だった。

大杉と同じ背番号を背負った男が、大杉のテーマ曲が流れる中で豪快な一発を放った。広沢には悪いけれども、僕にとっては完全に「大杉が打った一打」だった。

その瞬間、大杉の引退セレモニーが鮮やかに浮かんでくる。ファンへの最後のあいさつで、大杉はこんなことを口にした。

「……最後にわがまま、気ままなお願いですが、あと一本と迫っておりました両リーグ200号本塁打。この一本をファンのみなさまの夢の中で打たせていただきますれば、これにすぐる喜びはございません……」

僕は、このとき大杉の「セ・リーグ200号ホームラン」をこの目でしっかりと見た。涙で滲んだ目でも、それははっきりと見えた——。

広沢克己に尋ねる、「あの日」のこと……

8回表に飛び出した広沢の一打によって、得点は5対1となった。三番手の伊東はなおも投げ続け、9回にパチョレックに一発を喫して1点は失ったものの、簡単にツーアウトを取って、七番の久慈照嘉《くじてるよし》が打席に入る。

21時18分——久慈の放った力ない打球はセカンド・笘篠《とましの》賢治の下に転がる。これを丁寧にさばき、ファースト・広沢がキャッチ。三塁ベンチから、ヤクルトナインが飛び出してくる。この瞬間、ヤクルトの14年ぶりの優勝が決まった。

——この瞬間以降の記憶が、僕にはない。

呆然《ぼうぜん》としてしまったのも事実だし、感極まって頭が真っ白になったのも事実だ。しかし、現実的な大問題に僕は直面していた。

優勝の瞬間から、僕をめがけて柿の種やゴミくずが次々と投げられ始めたのである。グラウンド内では野村克也監督の胴上げが始まろうとしていた。場内には、「帰れコール」が怒号のように響き渡る。さらに、僕に対しては弁当の空箱や紙くず、ボロボロになった黄色いメガホンだけではなく、ついにはビンや缶まで投じられ始めたのだ。僕の横をナビスコ・チップスターの空き缶が通り過ぎていく。現在のような紙製ではなく、当時のチップスターの容器は缶でできていたはずだ。

警官たちが一斉に注意を促す笛を吹き始める。周囲の人たちが僕をにらみつける。

（お前がいるから、オレたちまで危険な目に遭うんだよ！）

怒りに満ちた瞳は、確実にそう言っていた。

僕は警官隊に護送されるようにして、スタンドを後にする。

(僕が何か悪いことをしたのか？　僕はただ、14年ぶりの優勝の瞬間を選手たちとともに味わいたかっただけなのに……)

まるで護送される犯罪者のように、僕は警官たちに連行されて甲子園球場を後にすることとなった。優勝の余韻も何もあったものではなかった。悔しさ、虚《むな》しさ、情けなさ、そんなものが一体となって押し寄せてきていた。


宿泊先もまだ決めていなかった僕はこの日、心斎橋で荒れ狂う阪神ファンを見ながら朝まで安酒場で呑み続けた。もちろん、ヤクルトの帽子はカバンの中に隠し持っている。隠れキリシタンの心境とは、こんなものだったのだろうか？

翌朝、ボコボコに壊された自動販売機、街中に散らばる紙くずやメガホンを横目に見ながら、ミナミとキタと、大阪の街を当てもなく歩いた。

くいだおれ人形には「わて、かくごしておりましてん」と吹き出しが添えられ、梅田の阪神百貨店では「阪神残念セール」が行われていた。

くたくたに疲れ果てた僕は、阪神だらけのスポーツ新聞全紙を手にしながら、再び東京に戻った――。

＊

　これが、僕が今までに見た中でもっとも忘れがたい試合だ。あれから四半世紀が経過してもなお、あの日の興奮と感動、そして恐怖と失望はありありと胸に残っている。

　しかし、ただ一つだけ気にかかることがあった。この25年間ずっと胸の奥に小さな棘《とげ》が刺さっているような息苦しさを覚えていた。

　それが、「大杉のセ・リーグ200号」である。

　その後、何度かこのときの広沢の一打がテレビで放送されたが、あの日、僕が甲子園球場で聞いたはずの「大杉のテーマ」がテレビを通じてはまったく聞こえてこないのである。その後、あの日の甲子園球場にいたという人に出会い、この場面のことを尋ねてみても「覚えていない」「気づかなかった」と返されてしまった。

　あの日、「大杉のテーマ」を確かに耳にして、「この一発こそ、大杉の幻のセ・リーグ200号だ」と確信したのだから、聞き間違いであるはずがない。

　しかし、新聞や雑誌など各メディアでもこの美しすぎる物語が報じられることは一切なく、映像でも確認できないとなれば、次第に自分自身に疑いの気持ちが芽生えてくる。

（ひょっとして、僕は記憶を美化して思い出を捏造《ねつぞう》しているのではないか……）

あの日の甲子園球場は異様な空間だった。

僕自身も、ずっと緊張状態を強いられながら、それまでに経験したことのない高揚感に包まれていたし、ビールもかなりの量を呑んでいた。さまざまな状況証拠が積み重なる中で、自分の記憶に対する信頼がぐらぐらと揺らぎ始めてくる。

長年、悶々《もんもん》としたまま過ごしていたが、「極私的スワローズ史を書こう」と決めたからには、この問題を避けて通るわけにはいかない。

そこで僕は、当事者である広沢に取材を申し込んだのだ。こうして対面が実現したのが、この章の冒頭に掲げた場面である。単刀直入に僕は尋ねる。

——あの日の8回表のホームランのことを伺いたいのですが……。

「はいはい、あのホームランね」

——あの打席で、いつものテーマ曲ではなく、大杉さんのテーマ曲が流れていたことはご記憶にありますか？

僕は、その表情をうかがう。少しだけ視線を泳がせた後に広沢は口を開いた。

「ないですね」

——広沢さんが打席に入ったときに、レフトスタンドの応援団から確かに大杉さんのテーマ曲が流れて、そのときにホームランを打ったんですが、ご記憶は……。

「まったくないです。それ、今初めて聞いた（笑）」

現実はかくも残酷なものなのだ。自分のおでこに「落胆」という言葉が貼りつけられたような気がした。

「そもそも僕、大杉さんのテーマ曲も知らないし（笑）」

——この年は大杉さんが亡くなった年でした。大杉さんはセ・リーグで１９９本のホームランを打っていて、引退セレモニーのときに……。

未練がましく言葉を重ねる自分が情けない。

「そうですか、大杉さんが亡くなったのがあの年でしたか……。私、お葬式にも行きましたけど、その年だったかどうかは覚えていないな」

そんなはずはないのだ。覚えていてもらわなくては困るのだ。もはや、インタビューではない。僕の意地だ。何としてでも思い出してもらいたい。その一心で質問を重ねる。

——あのホームランはどんな感触でしたか？

「あれ、ピッチャーが中西（清起《きよおき》）だったよね。オレ、中西が全然打てなくてね。あのときはスライダーを投げてきたんだよね。あれ、普通だったらファウルになるのにフーッてインフィールドの方に流れてきて、ライトポールに当たったんだよね。神宮球場なら完璧なホームランだよ。でも、甲子園では浜風があるので、右バッターがライトに打つのは大変だったんだよね。それでも、完璧に打ったことはよく覚えている。ライトポールの上の方に当たったホームランだったからね」

そうだったのか。三塁側内野で見ていた僕にはライトポールに当たったようには見えなかった。今から思えば、僕は途中から打球の行方を見失っていて、ライトスタンドの阪神ファンが落胆する様子を見て、そこで初めてホームランだと悟ったのかもしれない。

「……でもね、今の話を聞いたからかもしれないけど、あのホームランは不思議なホームランだったんですよ。あのときは逆風で、絶対にファウルになる当たりだったのに気がついたらポールに当たっていた。そういう意味では不思議なホームランなんですよ」

本来ならファウルになる当たりが、天国の大杉さんの後押しを受けてライトポール直撃のホームランになった。つまり、大杉さんが打たせてくれたホームラン。そう考えるのは、あまりにもご都合主義すぎるだろうか？

結局、「記憶の捏造」なのかどうか、解決することはできなかった。しかし、打った本人が「不思議なホームラン」と語る一発だったということは間違いなかった。

（甘美な思い出は、思い出のままにした方がいいのかな……）

僕は、ぼんやりとそんなことを考えていた。

「満月」に消えた、特大ホームラン

その後も、92年10月10日、あの試合に出場した選手10名ほどに、「8回表の広沢さんのホームランですが……」と質問してみても覚えている人はいなかった。中には「あの日、広沢さんがホームランを打ちましたっけ？」と答える人もいるほどだった。

しかし、「疑問解明」を諦めていた頃、一筋の光明が差し込んだ。

ヤクルト応援団、ツバメ軍団・佐々木誠さんと知り合い、酒を交わしたときのことである。ツバメ軍団とは『がんばれ!!タブチくん!!』で有名になった、「岡田のオヤジ」こと、岡田正泰《まさやす》さんが団長を務めていた由緒ある応援団である。佐々木さんはライトスタンドで岡田さんに見初《みそ》められ、高校生で応援団デビューを果たしていた。その後、岡田のオヤジの身の回りの面倒を見る「オヤジ番」として、公私にわたるつき合いをすることになる。

お互いに少しずつ酔いが回った頃、話題は「あの日」になった。74年生まれの佐々木さんは、当時18歳。彼もまた応援団員として甲子園球場に行っていたという。

「あの日は内野席に約50人、レフトスタンドに約２５０人。合計３００人ぐらいしかいなかったですね。観衆5万5000人のうちレフトの一部だけが緑色で、周りは全部黄色でしたから」

——僕は三塁側内野席で警官に囲まれながら見ていたんですけど、レフトにも相当の警官が警備していたんじゃないですか？

「いましたね、確かに多かったですよ。当時、〝これなら安心ですね〟って先輩団員に言ったら、〝バカヤロー、こいつらだってタイガースファンだ。拳銃持っているだけタチが悪い〟って言われましたよ（笑）」

なるほど。そこまでは考えていなかった。僕は全幅の信頼を寄せていたけれど、彼らもまた阪神が敗れて悔しかったのかもしれない。

僕は興奮して尋ねる。

——あの日、広沢さんが打席に入った場面で、大杉さんのテーマ曲が流れたような気がするんですけど、確かに流れていましたよね？　あれは僕の気のせいじゃないですよね？

するとと、佐々木さんはあっさりと言う。

「あのとき、大杉さんのテーマ曲を確かに演奏しましたよ」

——エーッ！！！　やっぱり、やっぱり確かに流れていましたよね。

「流しました。あの場面でリードを取っていた先輩が、〝大杉さんのためにも、あの月まで飛ばしてもらいましょう！〟って言いながら、広沢、大杉、広沢、大杉……って、順番に演奏しました」

やっぱり、記憶の捏造ではなかった。あの日、あの場面で、確かに大杉勝男のテーマ曲が流れ、広沢はライトに特大弾を放った。それが、「大杉のセ・リーグ200号」だというのは僕の勝手な解釈であるけれど、決して美化された記憶ではなかったのだ。

「あの日のことはツバメ軍団のブログに連載形式でまとめてあります。もしよかったら、読んでみて下さいよ」

すぐに、公式ブログ『ツバメ軍団日誌！』にアクセスしてみる。すると、「あの日」のことが全9回にわたって詳細に書かれていた。8回表、広沢のライトへのホームランは「episode6『背番号8』」と題されてまとめられていた。以下、引用したい。

episode6「背番号8」

6回にも1点を追加して4対1。
試合は終盤8回。あと1点取れば、まず勝利は間違いない。
バッターは広沢選手。応援リーダーは気合い系リードの元祖（?）Fさん。

広沢選手の前に背番号8を着けていた、そしてこの年の4月にガンで亡くなった大杉選手と飯島コーチの有名なエピソード、「月に向かって打て！」

(アッパースイングになってスランプになった大杉選手に、コーチが丁度良い高さに出ていた月を指差し言った言葉で、これ以降大杉選手はスランプを脱し、ホームランバッターとして開眼する)

になぞらえて、ライトスタンド後方に上がった綺麗な月を指差し…

「さあ、背番号8には、あの月が良く似合う。

大杉さんの為にも、あの月まで飛ばしてもらうぞっ！」

どんなコールをやるんだろ？　ホームラン、ホームラン、ヒロサワ！　かな？

Fさん、大きく息を吸い込み…

「月まで飛ばせ、ヒーロサワッ！」

意表を突いたコールでしたが「今、これしかないだろ？」的なコール。

続いて250人とは思えない声量で月まで飛ばせコール。

広沢選手、バット一閃《いっせん》。

月に向かって飛ぶ打球。

一瞬、250人の時間が止まって…打球はライトスタンドに吸い込まれる。

次の瞬間、興奮の坩堝《るつぼ》です。

もう、これで決まった…泣き出すファンも出始めます。

Fさんは「大杉さんが打たせてくれた…」と呟《つぶや》きながら（本当に）泣いてます。

東京音頭。

タイガースファンは野次を飛ばすでもなく、物を投げるでもなく、ただ呆然と立ち尽くすのみ。諦めムードが漂い始めたのを感じます。


Fさんが泣いたのは当然だった。このとき、三塁側内野席では僕も号泣していた。

佐々木さんは言う。

「あの日の甲子園にはきれいな月が出ていました。それがすごく印象に残っていますね」

そうだ、あの日は大きな月が出ていた。まん丸い大きな月が出ていた。

いや、それは記憶の捏造なのだろうか？　満月ではなかったかもしれない。それでも、大きな月に向かって白球が消えていく光景が、僕の脳裏によみがえってくる。

やはり、あれは「大杉勝男のセ・リーグ２００号」だったのだ。引退セレモニーで大杉さんは言っていたではないか。

「……あと一本と迫っておりました両リーグ２００号本塁打。この一本をファンのみなさまの夢の中で打たせていただきますれば、これにすぐる喜びはございません」、と。

現役引退時、大杉さんは「去りし夢　神宮の杜《もり》に　かすみ草」と詠《よ》んだ。

僕の脳裏には大きな満月に吸い込まれるように消えていく白球と、風にそよいでいるかすみ草が浮かんでいる。僕の夢の中では、あのホームランは間違いなく大杉さんが放ったものなのだ。

それでいいではないか――。

第二章

背番号《1》《ミスタースワローズ》の系譜

準永久欠番というすばらしいシステム

ヤクルトスワローズには「準永久欠番」と呼ばれる特殊な背番号がある。

巨人・長嶋茂雄の《3》や、王貞治の《1》などの永久欠番と違って、「もしも、その番号にふさわしい選手が現れればつけることが許される」という準永久欠番。

ヤクルトスワローズの背番号《1》——。

それが、「ミスタースワローズ」だけがつけることを許され、代々のスターに与えられた準永久欠番だ。現在では他にも古田敦也らの《27》も準永久欠番とされている。

本章では「第二の系譜」として、背番号《1》の系譜をたどってみたい。

1972（昭和47）年に若松勉が背負い、引退する89（平成元）年までの18年間にわたって、若松はミスタースワローズだった。「小さな大打者」として、日本人打者としては最高打率となる、通算・319という記録を築き上げた。

僕が物心ついたときの「ミスタースワローズ」は間違いなく若松であり、彼の背番号《1》を自習ノートの表紙に色鉛筆で描いたことを思い出す。

その後、池山隆寛、岩村明憲、青木宣親がこの番号を背負った。いずれも、ルーキーイヤーに与えられたのではなく、数年にわたってチームを牽引《けんいん》する活躍を見せた上で、球団とファンの信頼の上に満を持して背番号《1》を与えられたのだ。

したがって、この番号が輝きを失うことは一度もなかった。言ってみれば「後出しじゃんけん」のようなもので、活躍して初めて手にすることができる番号だからこそ、決してハズレがないのだ。むしろ、代々の選手たちの新たな個性が付与されることで、ますます輝きを増していく。それがこの「準永久欠番」というすばらしいシステムなのだ。

そして現在、ヤクルトの背番号《1》を背負っているのが2年連続でトリプルスリーに輝いたスーパースター・山田哲人である。

16年からはこの山田が《1》を継いだ。山田はヤクルトだけではなく、侍ジャパンでも主力を任されるほどの、すでに球界を代表する超一流選手へと成長。若松から始まり、池山、岩村、そして青木へと渡されたバトンが、現在では山田の手に渡っている。

僕にとって、小学校、中学時代のスーパースターは若松勉だった。若松さんが大好きだったから、その後の池山も、岩村も、大学の後輩でもある青木も大好きになり、もちろん山田も他の選手よりも熱のこもった応援をしている。

歴代の「ミスタースワローズ」たちに対しては、本当に思い入れが強い。彼らの歴史は、僕の「極私的スワローズ史」と、まさにぴったりと重なっているのだ。

そうなれば、まずは若松さんに会いに行かねばならないだろう。

若松さんにお話を聞くのは、今回が初めてだった。「オールタイム・マイ・ヒーロー」を選ぶとしたら、僕は迷わずに「若松勉」と断言する。一緒に仕事をしている編集者たちは、みなそのことを知っているので、これまでに何度か「若松さんのインタビューをしませんか?」と依頼が舞い込んだ。しかし、僕はそれをずっと断ってきた。

「もしも、若松さんに直接会ってみて、すごくイヤな人だったらどうしよう?」という不安があったからではない。若松さんはいい人に決まっているからだ。

では、どうして断ってきたのかと言えば、「あまりにも好きすぎてインタビューにならないのでは?」という懸念があったことと、「僕はまだ若松さんにお話を聞けるほどの人間ではない」と思っていたからだった。テレビやラジオ、あるいは神宮球場で遠くから見ているだけで十分だったのだ。

しかし、「極私的スワローズ史」の刊行を決意した今、いつまでも若松さんを避けて通るわけにはいかない。未熟で若輩者ではあるけれど、僕は意を決し御本人との対面を実現したのだった。

若松勉――直訴してつかんだ背番号《1》

後の背番号《1》の代名詞となる若松さんも、プロ入り時に与えられた背番号は《57》だった。このときドラフト1位だった山下慶徳に与えられた番号は《10》。同じ社会人出身でありながら、ドラフト3位の自分は《57》で、山下は《10》。

（オレは期待されていないのかな……）

当時23歳だった若松勉は落胆していた。

「入団発表のときに初めて〝若松は背番号《57》だ〟って言われましたね。そのときは、〝えーっ〟っていう感じ、頭を殴られたような感じでした。だって、それまでにその番号をつけていたのはランニングコーチ（赤坂宏三）だったんですからね……」

僕がまず質問したのは「背番号《1》に対する思い」だった。

ドラフト3位指名の若松さんの背番号は《57》。自分よりも下位指名の5位・牧重見《まきしげみ》が背番号《16》、8位・会田照夫《あいだ》が《18》を与えられていた。球団にとって、入団当時の若松さんの評価はその程度のものだったのだ。

「最初に与えられたユニフォームは赤坂さんの刺繍《ししゅう》をはがして、その上に《WAKAMATSU》って貼りつけてね。昔のユニフォームって重いんですよ。今のように風通しもよくないし、まるでずだ袋のような厚手の生地で本当に重くてね」

公称168センチメートル、実際にはそれ以下だったといわれる小柄な若松さんにとって、背番号《57》のユニフォームは精神的にも物質的にも重かったのだ。

プロ1年目に規定打席不足ながらも112試合に出場して打率・303を記録。その年のシーズンオフ、師匠である中西太《ふとし》コーチに「もっと軽い番号がほしい」と直訴をする。ダメで元々の懇願ではあったが、数日後意外な返答がもたらされた。

――来年からは背番号《1》だぞ。

自ら頼んだ背番号変更ではあったものの、まさか《1》になるとは思わなかった。45年も前のことながら、若松さんの話はよどみなく続く。

「頼んだはいいけど、まさか《1》だとは思わなくてね。後ですごく後悔しましたよ。だって、《1》と言ったら、王さんはもちろん、中日の髙木（守道）さん、南海の古葉《こば》（竹《たけ》識《し》）さんたちがつけていた番号だからね。背番号は軽くなったのに、急に荷が重くなっちゃってね（笑）。でも、〝せっかくいい番号をもらったんだから頑張らなきゃ〟っていう思いでその後も頑張れたと思いますね」

背番号を《1》に変えたその年に、打率・329で首位打者を獲得。早くも背番号効果が表れた。しかし、チームは弱く、若松さんが入団した70年代前半から半ばにかけては巨人V9の真っ只中であり、ヤクルトはずっと低迷していた。

「巨人には手も足も出なかったですね。試合に負けても先輩たちは誰も悔しい顔をしない。いつも淡々としている。そんな雰囲気がチームに充満していました。でも、それを変えてくれたのが広岡さんでした」

76年シーズン途中、荒川博監督の後を受けて監督代行となり、翌77年から正式に監督に就任した広岡達朗。チーム内に蔓延《まんえん》していた負け犬根性を払拭《ふっしょく》するために、広岡は何度も何度も、当時の右腕であり、巨人V9時代のOBである森昌彦（現・祇晶《まさあき》）とともに、ヤクルトナインに説いた。

「広岡さんと森さんはいつも、〝巨人はそんなに強くないんだ。絶対に勝てるんだ〟と言っていました。その頃から、少しずつ巨人に対する恐怖感は消えていったと思います」

同じプロでありながら、当時のヤクルトには巨人に対して「恐怖感」があった。試合前から相手に呑まれてしまっていては、そもそも勝てるはずがなかった。

そして78年、広岡監督の下でチームは球団創設29年目にして初優勝を果たし、日本シリーズでも王者・阪急ブレーブスを撃破し日本一に輝いた。

この年、若松さんはMVPを獲得。円熟期が訪れようとしていた――。

「えっ、永久欠番じゃないの?」

「広岡監督時代に、チームリーダーとしての自覚が芽生えたと思います。この頃から、背番号《1》が一生懸命頑張っていれば〝オレたちもああいう風にしなければ〟って、他の選手たちも感じてくれる。そう考えるようになってきました」

78年に広岡監督の下、ヤクルトは見事に日本一に輝いた。若松さん自身も、72年に続いて77年には2度目の首位打者を獲得。リーグを代表する打者となっていた。

しかし、ヤクルトの栄華は長くは続かなかった。初優勝の翌79年には開幕から引き分けひとつを挟んで8連敗。4月は14試合を戦って3勝10敗1引き分けで最下位に転落。6月以降は一度も浮上することなく最下位に終わった。その後に訪れる80年代もヤクルトは弱かった。若松さんが現役時代をともにした武上四郎監督時代は就任1年目の80年に2位になったものの、以降は低迷。82、83年と連続で最下位に沈み、84年途中に休養する。

「広岡さんのときには〝いいチームになったな〟って思っていました。その後、武上監督になって、丸山（完二）さんもコーチをされてました。選手時代も一緒にプレーしていたし兄貴的な監督、コーチという感じだったよね。だからやりやすかったけれど、その分、選手たちに甘えが出た気がするな」

チームは弱かった。それでも、若松さんはコンスタントに活躍し、85年には阪神タイガースのゲイルから2000安打を放った。その後、引退する89年まで実に18年間にわたって《1》を背負い続けたが、引退する数年前からは代打としての起用が増えた。

この頃、彼の胸中にはこんな実感があった。

「チームリーダーというのはレギュラーとして引っ張っていける人じゃないとダメなんですよね。口だけではリーダーになれないし、ゲームに出て引っ張っていける人じゃないとダメなんです」

引退時に球団社長に呼ばれた。球団からは「背番号《1》を準永久欠番にしたい」という申し出があったという。

「このとき初めて《準永久欠番》という言葉を聞きました。最初は〝えっ、永久欠番じゃないの？〟って思いました（笑）。次にいい人がいたら《1》を渡したいという説明を聞いて、〝わかりました〟と答えました」

こうして、ヤクルトから背番号《1》が消えた。バブル経済の渦中で日本中が熱狂し、時代が昭和から平成へと変わった頃、ヤクルトには《1》が不在だった。

若松さんは90〜92年にかけてテレビ朝日の解説者を務め、外から若きスワローズナインを見つめることになった。訥々《とつとつ》とした語り口が魅力的で、決して選手の悪口を言わず、公平さを意識しながらも、ほのかに「ヤクルト愛」が垣間《かいま》見える解説が僕は好きだった。

そして、解説者3年目となる92年、ヤクルトに待望の背番号《1》が復活する。2年間のブランクを経て、若松さんの《1》を背負うことになったのが池山隆寛だった。

僕は、池山に会いに行った——。

池山隆寛——最初は交渉材料だった背番号《1》

武上四郎からバトンを受けた土橋正幸、続く関根潤三監督時代もヤクルトは弱かった。しかし、その中にも希望の光はあった。

83年ドラフト2位でヤクルト入りしていた池山隆寛。あるいは、84年ドラフト1位入団の広沢克己ら、期待の若手がぐんぐん台頭していたのである。特に池山と広沢は「イケトラコンビ」と呼ばれ、三振も多いけれど、豪快な一発も期待できる華のある選手へと育ちつつあった。

それは、プロ8年目を終えた91年シーズンオフのことだった。ここまで4年連続で30本塁打以上を放っていた池山は、新聞記者から「ある情報」を耳にする。

「ある新聞記者が僕に言うんです。〝今年は、年俸は上がらないらしいですよ〟って。連続で30本以上もホームランを打っているのに年俸は現状維持らしい、と。その記者と話している中で、球団に〝背番号《1》がほしい〟と言ったら、〝いやいや、《1》を与えるわけにはいかないから年俸を上げる〟と言うんじゃないかってなってね。それで、ダメ元で〝じゃあ、《1》がほしい〟って言ったら、すんなり1番をいただけることになって（笑）」

若松さんと同様、池山もまた自らの直訴で背番号《1》を手にしたのだった。

「OKが出たのはいいけど、まず思ったのが、〝大変だな〟ということ。それまで若松さんがつけられていた番号だから、チームの看板になるためにもっと成績も上げないといけないなと考えましたね」

この頃のことは、僕もよく覚えている。

背番号《1》が復活する喜びと、若松さんだけの背番号《1》ではなくなるという寂しさが、僕の中には交錯していた。

若松さんの現役晩年、池山は6年間ともにプレーしている。「若松引退試合」で贈られた言葉が、池山の頭に残っていた。

「若松さんの引退試合のときに、〝お疲れさまでした〟ってあいさつをして、握手をして写真を撮ってもらいました。そのときに、〝これからのヤクルトはお前が引っ張っていけ〟と言ってくれました。このときの僕にはまだそんな力はなかったけど、〝頑張ります〟と答えました」

89年の現役引退時、すでに若松さんは「将来のミスタースワローズは池山だ」という確信があったのだろう。一流は一流を知るのだ。

池山が背番号《1》を背負うことが決まったとき、ヤクルトフロントはまずOBである若松さんに打診をしたという。若松さんが述懐する。

「あのときは球団社長から言われたんです。〝池山がどうしても背番号《1》をつけて、将来頑張りたいと言っているんです〟と説明を受けました。それを聞いて、僕はすぐに〝いいんじゃないですか〟と言いました。あの頃はまだイケも若くて、自分のことだけというか、一匹狼的なところがあった。でも、背番号《1》を背負うことで、自分が中心になって引っ張っていくようになるんじゃないか、そう考えましたね」

若手のホープだった池山のことを若松さんはどう見ていたのだろうか？　自著『背番号1の打撃論』（ベースボール・マガジン社）で次のように述べる。

池山は入団した頃から目立っていた。体は細いが、全身がバネのようで、長打力と肩の強さは群を抜いていた。

「これは久々に走攻守、三拍子そろった大型プレイヤーが入ってきたな」という印象だった。

86年から打撃コーチ補佐も兼任していた若松さんは入団当初の池山を指導したこともあった。手塩にかけた愛弟子《まなでし》が《1》を継承することに何も異存はなかった。

「自分が辞めた後、〝早く《1》をつける選手が現れてほしい〟と思っていました。チームを引っ張るリーダー的な選手は必要ですからね。それに僕は、〝背番号《1》は内野手の方が似合う〟と思っていたから、池山が継いでくれたのは嬉しかったですね」

自身は外野手だったが、王貞治、髙木守道、古葉竹識はいずれも内野手だった。

「外野手っていうのは背中を一部のお客さんだけにしか見せられないでしょ。でも、内野手だったら、グラウンドを駆け回って四方のお客さんに背番号を見せられる。だからイケの背番号《1》は理想的だと思ったね」

池山が背番号《1》をつけた92年、野村克也監督が掲げる「ＩＤ野球」が結実し、ヤクルトは14年ぶりのリーグ制覇を果たす。さらに翌93年には、前年に惜敗した西武ライオンズを相手に日本一に輝く。

その中心で、常に池山は躍動し、若松さんの願い通りの選手になっていた。この頃から、僕の中にも「ヤクルトの背番号《1》は大切な番号なのだ」という思いが芽生え始めると同時に「準永久欠番というシステムはいいものだ」と考えるようになった。

現役晩年、自ら《1》を返上したワケ

チームの顔である《1》を背負うようになって池山の野球観にも変化が訪れる。

「チームを引っ張っていこうとは常々思っていたので、試合は休めないという意識が強くなりました。あの頃は、試合に出る以上は打って、守って、走って、そのすべてをやらなければいけないと思っていましたね」

実際に野村監督時代の黄金期、池山がほぼフル出場した年にはチームは優勝し、故障のために試合出場が１００試合に満たない94年と96年にはヤクルトは優勝を逃している。

しかし、全身を躍動させて、走攻守にわたって常に全力プレーを続けてきた池山に試練が訪れる。身体が悲鳴を上げ始めたのだ。

「今から思えば、打つ、守る、走る、そのどれか一つが欠けてもよかったのかもしれない。でも、自分はその3つを高いレベルでこなしたいと思っていた。そうじゃないと許されないと思っていた。休まないと治らないのに、それをしなかった。やっぱり、ケガをしていると100％の力を発揮できないんです。でも、100％を発揮できない中で、それでもやっていかないといけないのがプロだと思うんです」

そして99年、ヤクルトに転機が訪れる。

9年間チームを率いた野村克也に代わって、若松勉が監督に就任したのだ。

しかし、池山には往時の輝きは残っていなかった。若松監督初年度となる99年オフ、池山は自身の背番号《1》を返上し、入団当時につけていた《36》に戻した。当時のことを若松さんが振り返る。

「本人からは何も報告はなかったけど、〝もう、《1》をつけてファンの人に見せられるプレーができない〟と考えたんじゃないのかな？　そして、入団当時の番号に戻すことで、〝もう一度、原点に戻りたい〟と思ったんでしょう」

池山が言う。

「僕にとっての背番号《1》というのは、常時グラウンドの中で活躍している選手というものなんです。いつお客さんが来られても、グラウンドの上に立っている選手だからこそ、チームの看板だと言われるわけだから。でも、あの頃の僕はもう、《1》をつけている価値がなくなった。そう思ったんです」

池山の言葉を若松さんに告げると、大きくうなずいて噛みしめるように言った。

「その気持ちはよくわかりますね」

現役晩年、代打稼業に新たな役割を見つけていた若松勉。同じく現役晩年、満身創痍《そうい》でプレーを続けていた池山隆寛。両者の姿が、僕の中でオーバーラップする。

こうして、池山はチームの顔である《1》から、スター街道を駆け上がっていく際につけていた《36》に戻した。

「自分がイメージしているプレーができなくなったので、《1》をお返ししました。そこに迷いや未練はなかったですね。もう、この時点ですでに常時、試合に出ることはできなくなっていましたからね……」

この頃、監督・若松勉は辛い決断を迫られていた。ヤクルトのレギュラーとして活躍してきた池山に、控え選手として「代打転向」を命じたのだ。若松さんは言う。

「この頃のイケは、もう動きもよくなくなっていたし、アキレス腱《けん》を傷めたことで脚力も落ちていました。それでも、長い間、彼がヤクルトを引っ張ってきたのも事実だし……。そこで、イケを呼んで〝今年は控えに回ってほしい。これからは大事な場面でのひと振りに懸けてほしい〟と告げました」

背番号《1》の返上には納得しても、控えに甘んじることについて、池山はすぐには納得しなかったという。若松さんの述懐は続く。

「やっぱり、最初はいい返事はしなかったですよね。でも、〝チームには勝負強いバッターが必要なんだ〟ということを話しました。そもそも、代打というか、大事な場面で生きる選手というのは、ある程度レギュラーを張っていた選手じゃないとできないんです。配球を読まなければならないし、相手ピッチャーのクセも知っていないといけない。そういうことをイケには説明しました」

若松さん自身も現役の晩年、新鋭の荒井幸雄にレギュラーポジションを奪われ、悔しい思いをしたことがある。チームの新陳代謝のためにそれを受け入れ、晩年は代打の切り札としてチームに貢献していた。当時、売り出し中だった池山もまた、そんな若松さんの姿を目の当たりにしていた。

そして、この説得に池山は応じた。彼の気持ちが痛いほどわかる若松さんの瞳が潤む。苦渋の決断を下した池山の目からも涙がこぼれる。

ふたりはしばらくの間、涙を流したという。

「控えに回ってからのイケは本当にすごかった。背番号《1》のときはグラウンドで引っ張って、《36》に戻ってからはベンチでチームを引っ張った。味方の守備が終わってベンチに帰ってくるとき、イケは真っ先にチームメイトを出迎えた。それを見ていて、〝オレだったらできたかな？〟って何度も考えました」

そしてこのとき、池山に代わって若松監督に抜擢《ばってき》されたのが、後に背番号《1》を背負うことになる岩村明憲だった。

当時、ＢＣリーグ・福島ホープスの選手兼任監督を務めていた岩村に会いに福島に飛んだ――。

岩村明憲――ふたりの《1》が支えた《48》

96年ドラフト2位でヤクルト入りが決まった宇和島東高校の岩村明憲は、年が明けた97年1月、愛媛県の松山で自主トレを行っていた池山隆寛にあいさつに出かけた。

「池山さんが松山で自主トレを行っているのは地元でニュースになっていたので知っていました。あいさつに行く時間があるんだったら、ぜひ行った方がいいと思って、父親と一緒に学ラン姿であいさつしました。あれは1月のことだったので、まだ17歳でしたね」

このときのことは池山もよく覚えていた。

「まだ岩村が高校生の頃に自主トレにあいさつに来てくれたな。〝どこ守るんや?〟って聞いたら、〝外野です〟って言うから、〝どうぞ、どうぞ〟って言った覚えがあるね（笑）」

岩村が入団したときのことは若松さんもはっきりと記憶していた。

「入ってきたときから、この選手はいいなって思ってた。足は速い、肩は強い、それにバッティングはパンチ力がありました」

そして、若松さんは早くも確信する。

「間違いなく、岩村は池山の後継者だなって思いましたね。だから、自分の監督時代には〝岩村を一人前にしよう〟と思って、使い続けました。出番さえ与えれば、彼は必ず伸びる。そう確信していました」

ヤクルト入団時、岩村に提示されたのは2つの背番号だった。

「最初に提示されたのは《48》と《58》でした。どっちでもいいと思ったけど、少しでも若い番号の方がよかったので《48》を選びました」

このとき、早くも岩村の中に「ひとケタの番号をつけたい」というモチベーションが生まれることになる。

彼が飛躍のきっかけをつかんだのはプロ3年目となる99年、つまり若松監督1年目のことだった。事前に池山とひざを突き合わせて「岩村を使いたい」という説明をし、池山は納得した。だからこそ、成績が出なくても若松さんは岩村を使い続けた。

「あの頃は辛かったですね。成績が出ないと、昔からのファンの人たちに〝池山を出せ〟って野次られました。それが自分としては悔しかったし、反骨心に変わった部分はありますね。それでも自分を信じて使ってくれた若松監督のおかげで成長できたと思っています」(岩村)

岩村の座右の銘「何《なに》苦《く》礎《そ》魂《だましい》」の本領発揮だった。若松さんは前掲書において、この頃の「岩村起用」について、次のように述べている。

スタメンに起用した当初はまったく打てず、「このままだったらどうしよう」と思った時期もあった。我慢して使い続けているうちに徐々に才能を開花させていった。監督業とは耐えることだと、最初に教えてくれたのが岩村だったのである。

この頃、もがき苦しむ岩村の支えとなったのは若松監督だけではなかった。ポジションを奪われたはずの池山もまた熱心にアドバイスを送っていた。池山は言う。

「もちろん、自分の中には〝まだまだやれる〟という思いはありました。でも、現実はずっとベンチに座っていて、たまに代打で出ていくだけで……。このとき、自分の野球観が変わりましたね。試合に出るのがチームの代表だと思っていたけど、ベンチでもできることがある。そう考えられるようになって、若手にアドバイスをしたり、赤いメガホンを持って応援したりできるようになりました」

一方の岩村は言う。

「たとえ、イケイケドンドンでプレーしているときでも、やっぱり不安はあるわけです。でも、そういうときに池山さんがベンチから赤いメガホンを持ってアドバイスをしてくれたり、声をかけてくれたりする。あの頃は、池山さんの存在はすごく大きかったです」

若松勉、そして池山隆寛――。

歴代の背番号《1》に見守られながら、少しずつ岩村明憲はヤクルトの中心選手へと育っていったのだった。

岩村を大きく成長させた池山の叱責

99年に飛躍のきっかけをつかんだ岩村は、翌00年には130試合に出場し、ゴールデングラブ賞を獲得。ようやく背番号変更が現実のものとなった。実は99年オフ、背番号をめぐって彼と球団フロントとの間で、こんなやり取りがあったという。

「99年のオフに小早川（毅彦《たけひこ》）さんが現役を引退されて、《7》が空いたんです。それで、〝背番号《7》が空いているのなら、ぜひつけさせてほしい〟とお願いしました。すると、球団からは〝あと1年待ってほしい〟と言われました。詳しく聞くと、池山さんが《1》から《36》に戻すから、1年の空白期間をおいて、そこでまた活躍できたら《1》をつけてもいいということでした」

このとき、岩村は球団フロントから「ヤクルトにおける背番号《1》の重み」を説明されている。

「ヤクルトの《1》というのは、本当に球団の顔となる選手がつける番号なんだと説明を受けました。だからこそ、しっかりと00年は成績を残せ。そうしたら01年には《1》をつけてもいい。そう言われたので00年はモチベーションも高くプレーできました」

この言葉通り、レギュラーとして130試合に出場。打率・278、18本塁打、66打点でゴールデングラブ賞にも輝いた。

こうして、念願かなって岩村は01年シーズン、それまで背負っていた《48》から心機一転、今度はチームの顔である《1》を与えられた。初めて《1》のユニフォームに袖を通したとき、「あまりにも嬉しくて何度も鏡を見た」と岩村は笑う。

「《1》をつけることが決まったとき、真っ先に池山さんに連絡しました。たぶん、池山さんも球団から話を聞いて、すでに知っていたと思うんです。〝おぉ、そうか。番号に恥じないように頑張れよ〟って言葉をかけてもらいました。もちろん、若松さんにもすぐに報告しました」

そんな01年シーズン。岩村にとっても、そして池山にとっても忘れられないシーンがある。池山が述懐する。

「この年、一度だけ岩村を叱ったことがありますね。東京ドームの巨人戦です。岩村が捻挫をして試合に出られなくなって、急遽《きゅうきょ》、僕がサードで出場したんです」

続きは岩村の口から聞こう。

「僕の代わりに池山さんが出てくれたんですけど、そのときに池山さんから呼ばれて、怒られました……」

池山は怒っていた。

「お前、何やねん？　一体、どこが痛いねん、コラッ」

「足首が、ちょっと……」

「たかが足首ぐらいで、なに試合休んどんねん。レギュラーなら、たかが捻挫ぐらいで痛いだの何だの言うな、ボケ」

池山なりの愛のムチだった。言葉はきつくても、岩村はそこに先輩の愛情を感じていた。この言葉を聞いて、改めて《1》を背負う者としての責任感が芽生える。

「それからですね。〝痛くても出よう〟って思えるようになったのは。本当に愛情がなかったら、あんなこと言えないですよ。本当にありがたいことですよ」

当時の記録を調べてみる。確かに7月11、12日の対巨人戦で岩村は欠場し、代わりに池山がサードでスタメン出場している。引退後に出版された著書『池山隆寛のブンブンブン！』（小学館）において、この場面は次のように記されている。


12日の試合前、マッサージをしてくれるトレーナーに岩村への伝言を頼んだ。

「骨折でもしているなら仕方ないが、足をひねったぐらいなら、それなりの調整をして試合に出るのがレギュラーの務めだ。もう一度、レギュラーの重みを考え直すべきだ」

岩村は試合の後に「すいませんでした」と謝りにきた。

彼は僕からポジションを奪った男だが、ライバルという目で見ていなかった。彼もチームの代表としてグラウンドに立っているのだから、歯を食いしばって頑張ってほしいという気持ちで応援していた。


やっぱり、ヤクルトはいいチームだ。

みんなで背番号《1》の価値を高めているように僕には感じられた。

この年、若松監督率いるヤクルトは4年ぶりに日本一を達成。岩村は日本シリーズ優秀選手賞を獲得。背番号《1》初年度にして、見事な活躍を見せた。

一方、翌02年シーズンを最後に池山は現役を引退する。

去りゆく池山へ捧《ささ》げるかのように、02年の岩村は１４０試合フル出場を果たした。この年のことを尋ねると、池山は「オレの言葉をようやく理解してくれたのかな?」と笑った。

その後、岩村はまさにヤクルトの中心選手としてチームを牽引し続けた。そして06年シーズンを限りにメジャー移籍。ヤクルトの顔である背番号《1》を6年間背負った後に、岩村はアメリカへと旅立った。

ここからしばらくの間、ヤクルトからは背番号《1》が消えた——。

青木宣親からの年賀状

岩村明憲の渡米後、３年間の空白期間を経て、10年から背番号《１》をつけたのは青木宣親だった。若松監督時代の04年に入団し、プロ２年目の05年にレギュラーの座をつかむと、シーズン２０２安打を放って、最多安打と首位打者を獲得。若松さんが青木を評する。

「プロ１年目のキャンプで青木を見たとき、いいものは持っているんだけど、レフト方向にしか打てないことが気になりました。それで、１年目は二軍に預けて、徹底的に鍛える。そして、その年の秋に下半身の使い方を教えて、育てることにしたんです」

つきっきりで青木を鍛え上げた秋季キャンプを経て、年が明けた05年の元旦、若松宅に青木から年賀状が届いた。

そこには、「必ずチームに貢献します。今年も宜しくお願い致します」と書かれていた。前掲書において、若松さんはこのエピソードを次のように記している。

その年の秋季キャンプで一番頑張ったのが彼だった。キャンプが終わっても相当バットを振り込んだに違いない。年明けに彼の年賀状が届いた。

「今年はチームに貢献します」

力強い筆文字から「自分を使って下さい」という強い自己主張と、「必ず打ちますから」という自信がヒシヒシと伝わってきた。

こんな年賀状をくれる選手は今までのヤクルトにはいなかった。その勇気に感心した私は、そのシーズンはずっと彼の年賀状をバッグに入れていた。

改めて、このときのことを尋ねる。

――どうして、年賀状をバッグに入れて持ち歩いていたのですか？

そんな質問を投げかけると、若松さんは手元のバッグをまさぐり始めた。

（ひょっとして……）

そんな思いで見つめていると、若松さんは一葉のハガキを取り出して言った。

「今でも持ち歩いていますよ」

そこにあったのはまさしく青木からの直筆の年賀状であり、そこには「平成十七年　元旦」と書かれていた。実に10年以上も青木からのハガキを携帯していたのだった。

――どうして、10年もの間、青木選手からのハガキを持ち歩いているのですか？

そんな質問をすると、若松さんは恥ずかしそうに笑った。

「これね、オレのお守りのような気がするんだよね」

――お守り？

「そう、お守り。その後、青木は高打率を残して一流選手になって、さらにアメリカで活躍して……。このハガキを持ち歩いて野球観戦をしながら、〝青木のような選手が出てこないかな？〟っていつも思っているんです」

愛弟子に対する深い愛情が感じられる言葉だった。

「池山や岩村はけっこうしっかりした身体をしていた。でも、青木は身体つきがオレにそっくりだった。池山、岩村と比べると、いちばんか弱かったし、ひ弱だったし。あの小さい身体であそこまで頑張ったというのは本当にすごいことだと思うよね」

公称168センチメートル、「小さな大打者」と称される若松さんが、身長175センチメートルの青木を「あの小さな身体でよく頑張った」と評価している。歴代の背番号《1》の中でも、若松さんにとって青木は格別な思いを抱かせる選手なのだということがよく伝わってくる言葉だった。

入団以来つけていた《23》で大活躍した後、10年から《1》を与えられた青木だったが、その時代は長くは続かなかった。青木もまた岩村同様、11年シーズンを最後にメジャーリーガーとなるべくヤクルトを退団した。

青木が《1》を背負ったのはわずか2年間のことだった。青木が《1》をつけた10年シーズン、岩村はまだアメリカにいた。自分が退団した後、空白だった背番号《1》を青木がつけると知らせが入った際、岩村は疑問を感じたという。

「青木がアメリカに行きたがっているということは聞いていましたから、〝球団は何でこのタイミングで《1》を渡すんだろう〟と思いましたね。アメリカに行くのが悪いというわけじゃないんですよ、僕だってアメリカに行ったわけだから。でも、すぐにアメリカに行くことが確定している青木が《1》を背負うことはどうかなと思いました」

そして、岩村はヤクルトの《1》に関する特別な思いを披露する。

「背番号《1》をつけて、すぐにいなくなる選手に、〝この《1》は僕の番号です〟とは言ってほしくないですね、正直。それは違うだろうと。それはお前の《1》じゃない。もちろん、僕の《1》でもないですよ。この番号は若松さんと池山さんがずっと成績を残してきた番号なんだから、もっと大切にしてほしいと僕は思っていました」

05年シーズンを最後に、若松さんが監督職を退任する際、岩村は自身の背番号《1》のユニフォームに「永久に僕の監督です」とサインを書いてプレゼントしたという。

(若松さんと岩村さんは、強い絆で結ばれているのだなぁ……)

僕は、ひとりで感動していた。

ヤクルトに伝わる厳しき伝統

11年から岩村明憲は日本球界に復帰した。

岩村にとっては5シーズンぶりの日本復帰だったが、それはヤクルトではなく、東北楽天ゴールデンイーグルスのクリムゾンレッドのユニフォームだった。日本球界復帰に際し、古巣のヤクルトが自分に何も関心を示してくれなかったことが悲しかった。自分を評価してくれた楽天に貢献したいと気持ちを入れ替えたものの、全盛時の活躍にはほど遠い成績しか残すことができずに、12年オフに戦力外通告を告げられる。

そして13年、岩村は7年ぶりにヤクルトに復帰する。

青木はすでにメジャーリーガーとなっており、背番号《1》は空白となっていた。しかし、岩村に与えられたのは入団当時につけていた《48》だった。

「自分では《1》だったらいいなと思いつつ、〝この状況では難しいかもしれないな〟とも思っていました。で、やっぱり《1》はまったくつけさせてもらえなかったですね。球団からは〝初心に戻って《48》で頑張れ〟って言われました。でも、正直言えば、〝何だそれ？〟って思っていました」

その口調が強くなる。

「僕はもう《48》は卒業したと思っていたんです。高校を卒業してプロ入りしたときの自分と、いろいろ経験して紆余曲折《うよきょくせつ》があった自分と、わけが違うんです。だから、あのときの僕にとっては、〝《1》でないなら何番でもいいや〟という感じだったので、球団に言われた《48》をつけました。でも、気持ちとしては、〝この席空いてるから、ここに座れよ〟って言われたような気がして、腹が立っていました」

かつて、《48》から《1》の座をつかみ取り、ようやくチームの主力選手へと成長した。WBC日本代表にも選ばれ、メジャーリーガーにもなった。それでも球団は「初心に戻れ」と命じてくる。悔しかった。でも、同時にこんなことも思った。

（以前、《1》をつけていた人間でも、簡単にその番号をもらうことができない。それぐらいヤクルトにとっては《1》というのは重い番号なんだ……）

岩村の言葉を聞きながら、僕もまた背番号《1》の重みを嚙みしめる。

ならば代打で成績を残して球団からの評価を覆し、改めて堂々と《1》を要求しようと岩村は奮起した。それでも、若手が台頭しつつあったヤクルトにおいて、自分の出番を作り出すことができずに、14年オフに戦力外通告を受けて、ヤクルトを去ることになった。

出番は少なかったものの、この2年間で岩村は自らの経験を積極的に若手選手に伝えようと努めていた。

「2回ほど、川端（慎吾）を叱ったことがあります。彼も、かつての僕と同じように、〝ちょっと背中に違和感があるので休みます〟って言っていたから、〝レギュラーを張る選手というのは、たとえどんな状態であろうとも出なければいけない。レギュラーならば意地でも出なければダメなんだ〟と伝えました。もちろん、〝オレも若い頃に池山さんに言われた〟ということも伝えました。それはいい伝統として残していきたいと思ったし、池山さんがオレにしてくれたことを若いヤツらに伝えようという思いがありましたから」

15年シーズン、川端は自身初となる143試合フル出場を果たし、首位打者を獲得した。

「オレの言葉をきちんと聞いてくれたのかな？」

岩村は小さく微笑んだ。

ヤクルトに伝わる良き伝統がここにもしっかりと残っていた——。

山田哲人に期待する歴代背番号《1》たち

青木が海を渡った12年以降、ヤクルトには背番号《1》を背負うスター選手はいなかった。しかし、ついに新たな背番号《1》が現れた。

山田哲人――。

10年のドラフト会議でヤクルトから1位指名された山田は入団当初から、「将来は池山のような大型遊撃手になってほしい」と周囲から期待されていた。プロ1年目の11年シーズンには一軍出場が1試合もないまま、中日ドラゴンズとのクライマックスシリーズに先発出場を果たす。

そして、14年にセカンドとしてレギュラーポジションをつかむと最多安打のタイトルを獲得。さらに翌15年には打率・329、38本塁打、34盗塁で「トリプルスリー」を達成。ホームラン王と盗塁王に輝く大活躍を見せ、ヤクルト14年ぶり優勝の立役者となると、翌16年にはプロ野球史上初となる2年連続トリプルスリーを達成する。

歴代のミスタースワローズに、山田について尋ねてみると3人ともその才能を絶賛する。

「オレはずっと前から言っているんです……」

若松さんは続ける。

「山田には、最多安打のタイトルを獲得した14年から〝今年頑張って、堂々と《1》をつけなさい〟って言っていました。15年も、16年も大活躍をして、十分《1》に相応《ふさわ》しい選手だと思います。山田は配球も読むし、追い込まれても粘ることができるし、ホームランも打てる。インサイドのさばきもすばらしい。うまく肘を畳んでバットのヘッドの重さを利用しながら、グンッとスイングが速くて……。あんなすごい選手になるとは思わなかったなぁ」

山田の入団当初から、コーチとしてともに汗を流してきた池山も同意見だった。

「14年の段階で、球団内には〝山田に《1》を〟という話はあったし、僕自身も〝背番号《1》は球団の顔だけれども、山田なら大丈夫だと思います〟と答えました」

青木の《1》に対して辛辣《しんらつ》な意見だった岩村も、山田に関しては手放しで絶賛する。

「ヤクルトの《1》は特別なものだという思いが、僕には今でもあります。だから、トリプルスリーを達成した山田はもうすでに《1》をつけていい選手だと思います。彼はそれを背負っていける人間ですよ」

岩村はファームにいるときに、山田にいろいろとアドバイスをしたという。

「コーチの越権行為にならないように、技術面も精神面もアドバイスはしましたよ。あとは本人の自覚の問題だと思います。だから、自覚を持たせるためにも《1》を与えるのはアリだと僕は思いますね」

自覚を持っているから《1》を与えるのではなく、《1》を与えることで、さらに自覚を持たせる。そのためにも、「山田に《1》を」というのが岩村の考えだった。

そして15年オフ、山田が背番号《1》を背負うことが決まった。記者会見にはサプライズゲストとして青木宣親が登場。新旧1番コンビのそろい踏みとなった。

これは衣笠剛《きぬがさつよし》球団社長から、「直接、山田に手渡してほしい」と頼まれた青木が快諾し、このサプライズが実現したのだという。アメリカに渡った後も、青木とヤクルトの良好な関係が続いていることが証明され、ファンとしてはとても嬉しい。

「ヤクルトの《1》は特別な番号。プレーだけではなく、人間的にもチームを引っ張っていってもらいたい」という青木の言葉は、まさにその通り。

ヤクルトならではの「歴史」を感じさせる名場面だった――。

歴史は続く、どこまでも

背番号《1》を背負うことが決まった16年の開幕直前――。

神宮球場のとある小部屋に、背番号《1》を身につけた山田哲人が座っている。

僕は改めて、山田にインタビューの時間をもらった。

――背番号《1》に対する憧れやこだわりはあったのですか？

「そうですね、〝いつかつけてみたい〟という思いはありました。小さい頃から《1》をつけたことがなかったし、ヤクルトでは《ミスタースワローズ》と言われる番号だし、これまで偉大な方たちがつけてきた番号ですから」

いきなり、山田の口から「ミスタースワローズ」というフレーズと「偉大な方たち」というフレーズが飛び出して、僕は一気に興奮した。

――歴代の大先輩たちと背番号《1》について、これまで話したことはありましたか？

「ありますよ。若松さんからは以前から、〝頑張って、この番号をつけられるような選手になれよ〟って言われていました。池山さんには〝この番号をつけてもいいですか？〟って、一応、確認をしました（笑）」

――岩村さん、青木さんからはどんなリアクションが返ってきましたか？

「青木さんは、〝よかったやん、頑張れよ〟って言われたんですけど、岩村さんからは〝まだユニフォームに着られているぞ〟って言われましたね（笑）」

オープン戦とはいえ、試合が終わったばかりだというのに実にハキハキと答えてくれる。昔のプロ野球選手のインタビューは実にぶっきらぼうで威圧感バリバリだったけど、最近の選手はとても人当たりがいい。特にヤクルトの選手たちはみな誠実な対応をしてくれる。これはひいき目ではなく、厳然たる事実なのだ。

――いつ頃、背番号《1》を打診されたのですか？

「1年前（15年）ぐらいに（衣笠）社長から、〝トリプルスリーを達成したらつけてもいいよ〟とは言われていました。それですごくモチベーションが上がりましたね。やっぱり《1》をつけてみたいと思っていたので」

ここまでわずか5分。言葉の端々から背番号《1》に対する憧れと敬意が滲み出している。僕は若松、池山、岩村、青木といった、歴代ミスタースワローズのことを思い出す。

（みんなカッコよかったよなぁ……）

もちろん、目の前の山田もまた歴代の偉大な先輩たちに負けぬ存在感をすでに放っている。しかし、彼がさらに成長していくのはこれからだ。僕らファンは、その成長過程をこれからつぶさに目撃することができるのだ。何て幸せなことだろう。

そして、このインタビューから半年後、山田は見事に2年連続トリプルスリー達成という大偉業を成し遂げ、背番号《1》に恥じない活躍を見せた。

背中の重みに負けない彼の精神力には脱帽するしかない。

スワローズが創設されて以来、若松勉に《1》が与えられる以前には井上親一郎、宇野光雄、佐々木重徳、杉本公孝、奥柿幸雄《さちお》がこの番号を背負っていた。そして72年に若松が背番号《1》となり、この番号はヤクルトにとって特別な意味を持つこととなった。

若松勉は78年のチーム初優勝の立役者となった。池山隆寛が《1》を背負った92年以来、ヤクルトは野村克也の下で黄金時代を迎える。野村が優勝を果たした92、93、95、97年。そこには常に池山の姿があった。岩村明憲に《1》が与えられた01年、ヤクルトは若松監督の下で優勝する。その中心となったのは岩村であり、それをベンチから支えたのが代打の切り札となっていた池山だった。そして、青木宣親が《1》となった10年には自身3度目の首位打者を獲得、日本プロ野球では初となる2度目のシーズン200安打を記録した。そして15年、優勝の立役者となり、翌16年からこの番号を背負うことになった山田哲人は、いきなり前人未到の2年連続トリプルスリーを達成。

それぞれの選手が、《1》とともに、忘れがたい歴史を刻んできた。それはまるでヤクルトの栄光の歴史でもある。

歴史は続く、どこまでも続く――。

野球が人間のドラマである限り、喜怒哀楽、悲喜こもごもを交えながら、連綿と歴史は続いていく。若松勉が築き上げた《1》の歴史は、池山隆寛、岩村明憲、青木宣親、そして山田哲人へと継承され、そして未来へと続いていく。

これぞまさに、栄光のヤクルトスワローズ史なのである――。

第三章

脇役の系譜

渋く、地味で、目立たなくとも……

渋井敬一——名は体を表す、渋すぎる男

「駅前のロータリーで待ってるから……」

指定されたのはJR横浜線・鴨居駅だった。初めて降りる小さな駅で待っていると、事前に聞いていた車が止まった。中から作業着を着た男性に「長谷川さん？」と尋ねられ、「さぁ、乗りなよ」と車内に促された。

スター選手だけでは強いチームはできない。野球には必ず脇役の存在が不可欠だ。僕はヤクルトの「脇役の系譜」をたどりたいと考えた。

そこで真っ先に会いに行ったのは、かつての背番号《39》だった。

渋井敬一――。

桐蔭学園高校から1977（昭和52）年のドラフト2位でヤクルトに入団。

内野ならどこでも守れる守備のスペシャリストとして活躍し、関根潤三監督就任1年目となる87年にはプロ10年目にして初めて、二塁手として定位置を獲得。台頭著しいショート・池山隆寛とともに、鉄壁の二遊間を形成した。

「どこから来たの？　東京？　遠かったでしょ、わざわざすまないね」

車内では渋井が気さくにしゃべり続けている。現役時代と比べると、ずいぶん恰幅《かっぷく》よくなっていたけれど、顔は往時の雰囲気を残していた。

彼がレギュラーに定着した87年シーズン。ヤクルトは4位で、僕は高校2年生だった。思春期ど真ん中の鬱屈《うっくつ》した時期にあり、どんなことでも斜に構えて見ていた僕でも、その守備力は評価していた。上から目線な言い方でスミマセン。

しかし、その打撃にはあきれ果てていた。

何しろ、この年のシーズン打率は・198なのだ。四番のボブ・ホーナーがいくら大ホームランをかっ飛ばしても、二番打者は2割も打っていない。つなぎ役に徹して送りバントが多かったとはいえ、レギュラー選手が打率2割に満たないのだ。

（そりゃ、弱いよ……）

僕にとって、この年の「弱さ」の象徴こそ、渋井敬一だった。神宮のライトスタンドで、僕はいつも思っていた。

（渋いよ、渋すぎる。地味だよ、地味すぎる。まさに、名は体を表すだよ……）

ショート・池山が華のある選手だっただけに、なおのこと彼の地味さ、渋さが際立ってしまっていた。

（大人になったら、絶対にあんな地味な男にはなるまい……）

プロ野球選手になれるとは思っていなかったし、そもそも高校時代には野球すらやっていなかった。

将来、自分がどんな職業に就くのかは皆目見当はついていなかったけれど、それでも自分の与えられた世界の中で、華やかな存在感を誇る人間になりたい。「あんな地味な人間にはなるまい」と渋井の姿を見ながら、僕はそんなことを考えていたのだ。

しかし、自分も大人になり、さえない中年となった今だからこそ、よくわかる。

スターになれる人間はほんの一握りで、僕を含めた大多数の人間は、渋井のように地味で目立たなくとも、己に与えられた役割を必死にこなすことで社会のために役立っているのだ。今なら、自信を持って言える。「脇役、万歳！」と。

池山隆寛、広沢克己の陰で地味ながらも低迷期のチームで奮闘していた渋井の偉大さに、僕は遅ればせながら気づいたのだ。改めて、彼のことを知りたいと思った。過去の資料を手あたり次第に漁《あさ》ってみるものの「渋井敬一インタビュー」のような記事は皆無。ますます彼のことを知りたくなり、そして同時に、かつてさまざまな罵詈雑言《ばりぞうごん》を浴びせていた非礼を謝罪したくなり、コンタクトを取ってみたのだ。

車はやがて、彼の仕事場に着いた。さっそく名刺交換すると、そこには「代表取締役」という肩書きが添えられていた。92（平成4）年限りで現役引退後、94年までヤクルトのコーチを務めた後、渋井は父親の経営していた建築会社を引き継いでいた。

「汚いところだけどさ、そこに座ってよ。さぁ、何でも聞いて」

雑然とした事務所でひときわ目立っていたのは、セカンドベース上のクロスプレーで阪急ブレーブスのブーマー・ウェルズのスライディングを交わしながら、ジャンピングスローをしている現役時代の渋井の大きなパネルだった。

「桐蔭学園時代、僕の2つ上の代の先輩に、水上（善雄・元ロッテなど）さんと長内《おさない》（孝・元広島など）さんがいて、よくプロのスカウトが来ていたんです。1年のときには水上さんがショートで、僕がサードで三遊間を組んでいたんだけど、それで僕も目に留まったみたいで。高3のときには中日と阪神が〝2位で指名する〟って言っていたんだよね。元々は阪神ファンだったから嬉しかったんだけど、結局はヤクルトに指名されてね」

――どうして、阪神ファンだったんですか？

「小学校4年のときかな？　神宮にヤクルト対阪神戦を見に行ったんです。当時はまだアトムズ時代だったな。阪神の藤田平《たいら》さんが好きでね、あの渋いプレーがすごくよかった」

渋井の口から「渋いプレー」という言葉が出てきた。

「実は中日も嫌いじゃなかったんですよ。髙木守道さんが好きでね。だから、中日から指名されてもいいかなとは思っていたんだけど……」

藤田平と髙木守道――。いぶし銀の名前が立て続けに登場して、（やはり、いぶし銀の素養は子ども時代からあったのだ……）と僕は納得していた。

渋井がヤクルトに入団したのは78年のことだった。

奇《く》しくも、創設29年目でリーグ初制覇、そして日本一に輝いた年だ。チームを率いていたのは広岡達朗。「管理野球」を標榜《ひょうぼう》し、選手たちには「玄米を食え、ビールを呑むな」としつこく繰り返していたと、僕が子どもの頃からよく話題になっていた。

――広岡さんにはどんな指導を受けたのですか？

「最初はノックすら受けさせてもらえなかった。まずはキャッチボールでグローブの使い方、膝の使い方からみっちりと鍛えられて、ようやく合格点をもらうと、今度は足を動かさずに、転がしてもらったボールを捕る練習。次に足を動かしながら、転がってくるボールを捕る練習。それを全部クリアして初めてノックにたどり着く。キャンプのときにはグローブを持たせてもらえず、素手で捕球練習の繰り返しだった。そんなに強いゴロではなかったけど、それでも手がパンパンに腫《は》れて、夜間練習ではバットが振れずにコーチの佐藤（孝夫）さんにすごく怒られたな……」

滔々《とうとう》と話し続ける渋井の話を聞きながら、僕は興奮していた。

（渋井さんって、こんなによくしゃべる人なんだ……）

「……広岡さんは自ら見本を見せてくれるんだけど、かなわないです。引退して何年も経っているはずなのに、流れの中できれいなスナップスローを見せてくれる。肩で投げずに、肘から先だけでポーンと投げちゃう……」

広岡監督話は、しばらくの間続いた。

まずは「渋井・渋い問題」の謝罪から

――レギュラーに定着したのは関根潤三監督時代のことでしたね。

「関根さんにはかわいがってもらったからね。ちょうど池山が伸びてきたこともあって、安藤（統男《もとお》）さんがヘッドコーチになって、〝セカンドに転向しろ〟って言ってもらって、そこからチャンスが広がったからね」

先にも触れたように、関根監督が就任した87年シーズン。渋井は定位置を確保。キャリアハイとなる118試合に出場している。そしてこの年、二番打者としてセ・リーグ最多の35犠打を記録。しかし、悪夢の・198という低打率だった。

（よし、ココがチャンスだ。今こそ、あの低打率のことを聞こう……）

質問を投げかけようとしたところ、彼の方が先に口を開いてしまった。

「あのとき、セカンドを守ったことで《守備のスペシャリスト》と呼ばれることも増えたから、オレにとってはいいコンバートだったかな。野球を知らない人が見たら、キレイなプレーをする篠塚さんの方が上手に見えたかもしれないけど、野球を知っている人は、オレのプレーの方を〝上手だ〟と褒めてくれたからね」

期せずして、当時巨人のセカンドだった篠塚利夫（和典）の話題が本人の口から飛び出した。よし、質問の矛先を変えよう。まずは「渋井・渋い問題」の謝罪からだ。

――確かに、華やかな篠塚さんと比べると、渋井さんは一見、地味でしたが、玄人受けする選手でしたよね。

「一見」というところに、僕の気遣いが垣間見えるはずだ。

「自分では普通にやっているだけだから、その辺りはわからないね。ただ、ヤクルトで言えば派手さは池山が担当していたからね。よく、うちの親にも言われたよ、〝お前もプロなんだから、もっと池山みたいに派手にプレーしなさい〟って……。

おぉ、親に言われていたのならば、一ファンのたわごととして、当時の僕が抱いていた感情をぶつけてみても問題はないのではないだろうか？

――実は僕も、当時は子どもだったので、渋井さんのすごさが理解できていませんでした。正直言えば、「どうして、この選手はこんなに地味なんだろう？」と思っていました。

渋井さんの表情をうかがう。そこには軽い微笑みが浮かんでいる。

「まぁね、でも仕方ないよね。子どもの頃から藤田平さん、高木守道さんが好きだったんだから（笑）。華麗ではないけど堅実。そんな選手に憧れていたら、オレみたいな選手が生まれるのかもしれないな」

――たとえば、長嶋（茂雄）さんみたいな派手なプレー、華やかな選手に憧れたりはしなかったんですか？

「ないね、まったく」

――「派手・華やか」よりも、「堅実・着実」、「主役」よりも「脇役」ですか？

「そう。それがなくなったら、終わりだと思っていたから」

よし、機は熟した。今こそ「謝罪」のときだ。

——実は、今日ここにやってきたのは渋井さんに謝るためなんです。

「……えっ、何？　どういうこと？」

軽い狼狽《ろうばい》。表情が少しだけ厳しくなる。

——僕……、子どもの頃、渋井さんのよさがわからずに「地味すぎるよ、渋井！」って、神宮で野次ったことがあります……。

その表情に変化はない。

「まぁ、仕方ないよ。子どもには理解できない選手だったと思うし……」

本当は高校時代の話だったけれど、ここは「子ども時代」ということで通そう。未成年であることには間違いないのだから。

——それだけじゃなくて、87年の打率・198についても、「こんなヤツがレギュラーだから、ヤクルトは弱いんだ」と毒づいていました。すみませんでした！

渋井の口元から白い歯がこぼれた。

「ハハハ、そうだよね、確かに。もうちょっと打ってもよかったと自分でも思う（笑）」

気分的にはミッション完了！　肩の荷が下りて、素直な気持ちをぶつけてみる。

——でも、言い訳っぽくなってしまうけれど、大人になってみて改めて渋井さんのような脇役選手の重要性というものがよくわかるようになりました。

「やっぱり、チームっていうものは池山や広沢みたいなパフォーマーも必要だし、オレみたいなタイプもいないとね。でも、なかにはオレみたいな選手を応援してくれる人もいたんだよね。大多数の人にとっては、〝渋井、まだいたんだ〟って感じだと思うけど、実はベンチの中では、なくてはならない存在の選手っていうのは必ずいるんだから」

――「損な役回りだな」とは思いませんか？

「思わないね。それは組織の一員としての役割だから。それがチームというものだから。野村（克也）さんだって、長嶋さん、王さんの陰に隠れて地味な役回りでも頑張ったじゃない。そういう選手が必要なんだよね。ただ、野村さんだって十分華やかだよね、オレから言わせれば。本当のかすみ草というのは、オレのような選手のことを言うんだよね……」

僕は大きくうなずきながら、渋井の言葉を聞いた。しかし、内心では秒速でツッコミも放っていた。

（……渋井さん、かすみ草は大杉さんです。ノムさんは月見草っす！）

名は体を表す。

渋井敬一――まさに、渋すぎる男への「謝罪」は無事に終わった。

角富士男――僕の人生を変えた一本のホームラン

物心つく前に、神宮球場や後楽園球場でプロ野球の試合を見たことがあるらしいのだけれど、残念ながらまったく記憶がない。

僕が人生の中でハッキリと認識している「最初の試合」は、初めてヤクルトのファンクラブに入った80年4月の対阪神タイガース戦だ。記録を調べてみると、それは4月26日の試合だということがわかった。

生涯、この日の興奮と感動を忘れないだろう。

僕は70年5月生まれなので、もうすぐ10歳になるという頃だった。当時は小学校4年生。この日は土曜日で午前中は小学校に行ったのかな？　その辺はよく覚えていないけれど、家族全員で自宅のある千葉から神宮へ行き、帰りはそのまま新宿の京王プラザホテルに宿泊したことはよく覚えている。

家族みんなでの外泊という非日常的な一日だった。そして何よりも、この日初めて自分の意志で観戦したヤクルトの試合が最高すぎた。

この日、神宮球場に集った観客は3万5000人。この頃はまだ実数発表の時代ではないから、あくまでも公称ではあるものの、それでも超満員だったことは記憶している。ヤクルトの先発は安田猛《たけし》、阪神の先発は工藤一彦。両投手が好投し、序盤はともに無失点だった。試合が動いたのは5回裏、ヤクルトの新外国人、サミュエル・パラーゾのタイムリーで先制。パラーゾは後にボルチモア・オリオールズの監督を務めることになる。

一方、安田は8回一死まで無失点の好投を続けたものの、ここから連打を浴び、二番手の井原慎一朗が阪神・竹之内雅史に満塁ホームランを喫して4対4の同点に。

……まるで昨日のことのようにすらすらと試合展開を描写しているけれど、もちろん、ここまで正確に覚えているはずもなく、手元にある当時の新聞を見ながらの執筆だ。

試合を決めたのは、入団6年目、24歳の誕生日を目前に控えていた角《すみ》富士夫だった。9回一死二塁のチャンスで打席に入った角は、阪神・池内豊から、レフトスタンドに消える、打った瞬間にホームランとわかる劇的な一発で勝負を決めた。

実質的に「人生で最初に見た試合」が、角のサヨナラホームランで、ヤクルトが劇的な勝利を収めたのだ。ファンクラブ特典の青い帽子と青いウインドブレーカーをまとって、僕は狂喜乱舞した。この瞬間こそ、後の僕の人生を決定づけたと言っていいだろう。

この試合があったからこそ、僕はヤクルトが大好きになり、その後もプロ野球を見続けることになった。そして、大人になってもファンクラブに入り続け、現在でも神宮に足を運ぶ人生を過ごすことになった。

人生のターニングポイントというものがもしもあるとしたら、80年4月26日、プロレス的に言えば、通称「ヨン・ニーロク決戦」こそ、僕にとってのその日なのだろう。野球のことを語るのに、わざわざプロレスで語る意味がないことはよく理解している。

もしも、この日の試合が目も当てられないクソゲームだったとしたら、僕はここまでプロ野球に夢中になっただろうか？　現在にいたるまでヤクルトを愛し続けていられただろうか？　そういう意味では角富士夫こそ、僕の人生の恩人なのである。

感謝しているのであれば、その思いを直接本人に伝えに行くまでだ。

渋井さんには「謝罪」だったけれど、角さんには「感謝」をコンセプトに物語を綴っていきたい。罵倒したことを謝る心苦しさよりは、感動を素直に伝える方がずっと気楽で、健全だ。間違いなく、筆も快調に進むことだろう。

35年分の「感謝」を伝える

ヤクルト球団事務所応接室——僕の前には角富士夫が座っている。

福岡第一高校から74年ドラフト2位でプロ入り後、94年までヤクルトひと筋の野球人生を過ごした。すでに還暦を迎えているということは、あの「ヨン・ニーロク決戦」からすでに35年以上が経過していた。しかし、その外見はあまり変わっていないように思えた。

単刀直入に僕は切り出した。

――昭和55年の4月だったと思うんですけど、阪神の池内さんから打った、サヨナラホームランのことはご記憶にありますか？

あまりにもピンポイントな質問に、角の表情に困惑の影が浮かぶ。

「はい、はい。サヨナラを打ったってことぐらいしか記憶にないですけど……」

（……そうくると思った！）

――では、この新聞コピーを見ていただきたいのですが……。ご記憶にありますか？

自分の表情を見ることはできないけれど、このときの僕の顔は、「これぞドヤ顔」というものだったはずだ。カバンから取り出したのは当時から愛読していた日刊スポーツのコピー。日付は80年4月27日。「ヨン・ニーロク決戦」の翌日の紙面である。この日の日刊スポーツは、一面で前夜の角の活躍を大々的に報じていた。

一面の大見出しには、ヤクルトのペットマーク・スワローくんと並んで「首位奪回」と打たれている。僕が初めて見た試合でヤクルトは劇的な勝利を収め、さらに開幕13試合消化時点とはいえ、前年最下位だったのに首位となっている。

（初観戦で首位に！　僕はヤクルトにとっての勝利の女神なのかもしれない……）

不惑を過ぎ、50代も視野に入ってきたオッサンの考えることではないと理解している。それでも、そう思わざるを得ないのがファンの性《さが》というものなのだ。

僕の手元からA３コピーを受け取ると、角はパッと一瞥《いちべつ》して笑顔になった。

「あぁ、覚えていますよ。僕、元々二番（バッター）ですから、そんなにホームランを打つバッターではないんですけど、このときは池内さんのスライダーを打ったのかな？」

プロ野球選手の取材をしていて、いつも驚かされるのがこの記憶力だ。35年以上も前の一打を「スライダー」と記憶しているのだ。もちろん、後に映像資料などで確認してみると、記憶と食い違っていることも多々ある。それでも、このときの角さんの頭の中では「確か、スライダーを打ったはずだ」と記憶がよみがえっているのだろう。

――池内さんは変則的な投げ方でしたよね。

「そうなんです。すごく変則的な投げ方をされていて、シュート、スライダーがいいんですよね。だから、どっちかを狙うしかなくて、このときはスライダーを打ったんです。打球はレフトスタンドに引っ張ったんだから、シュートじゃなくて抜けたスライダーだったと思いますね」

話しているうちに、記憶がより鮮明になって確証をつかんでいく。これは「プロ野球選手取材あるある」だ。そして角の顔に、(でも、何でこの試合を?)という表情が浮かんだので、僕は満を持して口を開いた。

――実は、完全に個人的な話になるんですけど、僕が初めてプロ野球の試合を見たのが、この試合でした。このときの角さんは本当にカッコよくて、それ以来、現在までずっとヤクルトファンなんです。本当にどうもありがとうございました!

(……あぁ、言えた!)

先ほどの「ドヤ顔」に続いて、今度は、長年抱いていた感謝の思いを伝えることができた安堵感から、完全に弛緩《しかん》し切った「腑抜《ふぬ》け顔」になっていたはずだ。

「あぁ、そうなんですか。このホームランがきっかけで……。この一打は打った瞬間にわかりましたね。でも、シュートだったかな? うーん、シュートだった気もするな」

一度は「A」だと言ったものの、さらに話し続けていくうちに記憶が曖昧になり、「やっぱりBかな?」と訂正する。これもまた「プロ野球選手取材あるある」だ。

角はなおも新聞記事に目を通している。

「これ、ワンアウト二塁でしたよね? 4対4の同点でしょ? 普通だったら敬遠しますよね。ピッチャーも僕のことをなめていたんでしょうね(笑)。これが、もし若松さんが打席に入っていたら、間違いなく敬遠でしょうからね。……いや、でもこの後に三番の若松さん、四番の（ジョン・）スコットに回るから敬遠はないか。勝負ですね」

――記事によると、「野球を始めて、初めてのサヨナラホームラン」ということですね。「そうだね、ここに書いてあるね。……えーっと、《打席に向かうとき、「内角球を狙って、一発ぶち込んで来い！」と（武上監督が）声をかけている》って書いてあるね。全然、覚えていないね、こんなこと（笑）」

――この試合、このホームランがきっかけになって、僕は35年以上もヤクルトファンとして楽しい人生を過ごすことができています。本当にどうもありがとうございました！

「いえいえ……（笑）」

口数は少なかったけれども、はにかんでいるご本人の姿が見られただけでも、ここに来たかいがあった。

飛躍のきっかけとなった78年の初優勝

「（福岡第一）高校時代はピッチャーだったんです。でも、ヤクルトに指名していただいたときに、ピッチャーはやらないという条件で入れさせてもらいました。あの当時は荒川

（博）監督の時代でしたね。それで、荒川さんに"希望のポジションは？"って聞かれました。あの当時の外野は若松さんもバリバリだったし、杉浦（享《とおる》）さんもいたので、〝内野だったら早く試合に出られるかな？〟という思いで内野に決めました」

74年のドラフト2位でプロに入った角は荒川監督に続く、広岡監督時代に少しずつ試合出場の機会を増やしていく。

「よく言われているように、荒川さんの時代よりも、ずっと厳しくなりました。肉を食べられない、酒を呑めないということにはみんな不満を言っていましたね。僕はあんまりお酒は呑まないからいいんですけど、肉を食べられないというのは、ちょっと考えられなかったですね……。だから優勝したときもヤクルトで乾杯しましたからね（笑）」

――みんなで、あの小さい容器を持って、乾杯したんですか？

「うん、そう（笑）」

この頃の広岡監督について書かれた記事は本当に楽しい。当時、チーム内では「コーラは毒だから禁止」だったという。その理由が「コーラは骨を溶かすから」。でも、意外なことに、これを言い出したのは広岡監督ではなく、森昌彦コーチだったという。

当時の選手たちはみな練習終わりには「ああ、毒が飲みたい」と言っていたそうだ。

――広岡監督からはどのような指導を受けたのですか？

渋井に投げかけた問いを角にも投げかける。

「練習はきつかったですね。打つ方も、投げる方も、広岡さんが指導してくれるんですけど、球場に着いたときからずっとノックですよ。それで、残り2〜3分になってから、ようやくバッティング練習。ゼーゼー言いながら、バットを振っていました。汗だらけだから、すぐに着替えて、今度はシートノック。そのまま試合が始まるから、ゼーゼー、ハァハァ言いながら第1打席に立っていました。でも、必ず試合には使ってくれるんです。ただ、試合中、ちょっとでもヘンな捕り方をすると、ベンチで首をかしげながら、〝あれはこうやって捕るんだよ〟っていうポーズをするんです。それが見えるから、いつも〝やりづらいな〟って思っていました(笑)」

――「プロでやっていけるぞ」という手応えはいつ頃から芽生えましたか?

「プロ4年目、優勝した年(78年)のキャンプがすごく調子がよかったんです。打球にも慣れてきたし、身体もキレていました。でも、途中で肉離れを起こしてしまったんです。それで、仕方なくバッティングキャッチャーをやらされました。そのときにバッピ(バッティングピッチャー)の人から、〝お前がサインを出してみろ〟って言われて、僕なりに、〝どういう配球をしたら抑えられるのかな?〟って考えながらやったのがよかったみたいなんです。それで、4月の巨人戦でいきなりスタメンで3安打を打って、自分でも〝チャンスをつかんだ〟って思いましたね」

――78年の初優勝のときは、やはりチームのムードもよかったのですか？

「最初の頃はあまり勝てなかったんです。だから、《いつもの弱いヤクルト》という感じでした。でも、4月だったかな？　5月だったかな？　雨で何試合か流れたんです。その頃から流れが変わってきて、前半戦を勝ち進んでいきました。チームメイトの（デーブ・）ヒルトンと僕とふたりで首位打者争いをしていて、チームが上に上がってきたんですけどね」

この年のヒルトンの躍動を見て、村上春樹が「小説を書こう」と思い立ったというエピソードはあまりにも有名だが、角もまた彼と並ぶ活躍を見せていた。

セ・リーグ制覇の直後に発売された『週刊サンケイ緊急増刊　悲願29年ヤクルト初優勝の全記録』を読んでいたら、こんな記事があった。プロ野球記者A氏～D氏たちの座談会で、角のことは次のように述べられている。

B　**戦力面から見て、去年と今年の最大の違いは何だろう？**

C　**ずばり、ヒルトンと角だ。**

A　**オールスター前までの角の活躍は特筆ものだったね。**

D　二人によって突っ走る弾みがついたともいえる。

――78年10月4日の初優勝の瞬間のことはご記憶にありますか？

「あの日のことはよく覚えていますね。自分はベンチにいたんですけど、9回表が始まる前に大杉さんに呼ばれたんです。〝もしも、ウイニングボールがファーストに来て優勝が決まったら、オレのところまでグラブとボールを取りに来い〟って言われました」

――優勝決定の騒ぎの中でウイニングボールをなくさないようにということですかね。

「きっと、そうだと思いますね」

――そして、大杉さんの言葉通りに、中日・谷沢《やざわ》健一のセカンドゴロがショート、ファーストにわたって試合終了となりました。まさに大杉さんの手元にウイニングボールがあったわけですね。

「そうです。で、僕は大杉さんに向かってファーストまで行って、グラブとボールを受け取って、すぐにベンチ裏に持っていって、それから胴上げに参加したんです」

――じゃあ、みんなより少し遅れての参加だったんですね。でも、直後には観客がグラウンドになだれ込んできて、収拾がつかない状態となりましたよね（笑）。

「そうでしたね（笑）。もう、グチャグチャになっているから、〝逃げろ、逃げろ〟となって、みんなでベンチ裏に逃げたんです。ほとんどの選手はファンの人に帽子を取られたりしていましたからね。でも、あのボールを大杉さんはどうしたのかな？　オーナーに上げたのか、それとも自分で持って行っちゃったのか？」

角は楽しそうに笑った。

ホーナー、デシンセイ、一茂とのレギュラー争い

75年にヤクルトに入団した角は80年代低迷期を経て、94年まで現役を続けた。つまり、広岡監督時代の78年日本一、野村監督時代の92年リーグ制覇、93年日本一を経験しているのだ。

——角さんにとって、野村監督とはどんな監督でしたか？

「野村さんは絶対に褒めない人でしたね。広岡さんも厳しい人だったけど、広岡さんは《練習でうまくなる》、野村さんは《頭を使ってうまくなる》というタイプの監督でした。野村さんが言っていたのは、〝プロ野球選手は次にどんなボールが来るかわかっていれば必ず打てる。だから、配球を勉強しなさい〟ということでした」

——野村監督が就任した90年当時、角さんはプロ16年目、34歳になる頃でした。それでも、

初めて知ることが多いわけですか？

「多かったですね。野村さんが目指していたのは、配球を学ぶことで打率・250のバッターが・270打てるようになること、・270のバッターが・300打てるようになることでした。実際に僕も90年に初めて3割を打てましたからね」

確かに、野村監督就任1年目の90年、角はプロ20年間で唯一となる打率3割、キャリアハイとなる・301を打っている。

——20年間のプロ生活において、サードというポジションには87年のボブ・ホーナー、88年のダグ・デシンセイ、そして長嶋一茂など、多くのライバルが登場し、結果的には92年にジャック・ハウエルにポジションを明け渡すことにもなりました。これらのレギュラー争いには、どんな心境で挑んでいたのですか？

「それはもちろん、〝負けたくない〟という一心ですよ。でも、結局は使うのは監督が決めることですからね。僕がいくら〝出たい〟と言っても、その力がないと使ってもらえない。だから、ライバルの調子が悪くなったときに、いつでも出られるようにキッチリ準備することだけを心がけていました」

——腹が立ったり、腐ってしまったりすることはなかったのですか？

「本当は、〝この野郎、負けるもんか！〟って思わなくちゃいけないんでしょうけど、僕はそういうところがのんびりしているんです（笑）。悪く言えばいい加減なんですけど、〝ま、しょうがないや。いつかチャンスが来るだろう〟って考えるタイプなんです。結果的にはそれでよかったのかもしれないですけどね」

――ホーナーはバリバリのメジャーリーガーだったし、「ホーナー旋風」を巻き起こすほどの実績があったけど、一茂選手については大卒のルーキーでしたよね。そういう選手と比較されること自体、腹が立ったりはしなかったのですか？

「しょうがないなと思っていましたね（笑）。関根監督もジャイアンツにいたし、親父さんとのつき合いもあったでしょうしね。だから、〝一茂を使うのはしょうがない〟と思っていました。だって、僕にもっと力があれば、そもそも一茂を獲得しなくてもよかったのかもしれないし。〝まぁ、でもいつか出番が来るだろう、そのために準備しておこう〟と思っていましたね。当時は、ここまで考えられていたかどうか覚えていないけど、それでも、言ってみれば一茂は《縁故》みたいなものだから、仕方ないですよね」

角の口から「縁故」という強烈な皮肉が飛び出したことに僕は驚いた。けれども、ご本人にはまったく悪気がないことはよくわかった。

話を聞いていて、当時のことを思い出していた。

一茂ルーキーイヤーの88年、僕は高校3年生だった。周囲は完全に「進学モード」へと突入していたけれど、どうにも勉強に身が入らないというか、自分は将来、何をしたらいいのかがよくわからず、相変わらず悶々《もんもん》としていた。高3なのに中2病。

そんなときにしばしば、神宮のライトスタンドに腰を下ろしていた。

この頃、僕の頭の中には「ヤクルトのサードはデシンセイか、一茂か、それとも角か？」という大命題があった。勝つためにはデシンセイだ。しかし、将来を見据えた起用をするなら一茂だ。角は試合終盤の守備固め要員だ――。

それが当時の僕の結論だった。

それこそ、主役にはなれない、脇役を演じる男の宿命なのかもしれない。角はやはり、当時から脇役人生をまっしぐらに歩んでいたのだ。

そして、角自身も「一茂を使うのはしょうがない」と思っていたということがわかった。話を聞いていると、じれったいというか、もどかしくなってくる。

――もっと、貪欲《どんよく》に「一茂なんかに負けられるか！」という気持ちがあれば、レギュラーを確保できたかもしれないですね。

「そうなんですよ。野球を辞めてから、そういうことを考えるようになりましたね。後から考えると、〝もっと、こうしていたら打てたな〟とか、〝捕れたな〟ってよく思うんです。大げさかもしれないけど、2000本も打てたかもしれない。そういう思いが本当にあるんです」

角さんの現役通算安打は１１９６本。数字だけ見れば２０００本にはほど遠い。それでも、「２０００本も打てたかもしれない」という言葉は、決して荒唐無稽なものではなく、実現可能なリアリティのあるフレーズとして、僕の耳に響いた。

渡辺進、レオン・リー、ホーナー、デシンセイ、一茂ら、数々のライバルたちと互角以上に戦い、長年にわたってヤクルトのホットコーナーを守り続けていたのは紛れもない事実だ。巨人の原辰徳、広島の衣笠祥雄、大洋の田代富雄、阪神の掛布雅之、中日のケン・モッカら、多くのスター選手の中にあって、地味ながらもヤクルトのサードとして80年代を駆け抜けた角を僕は誇りに思う。その奥ゆかしさも含めて、最高だと思う。

オールスター出場は初優勝時の78年以来、一度もない。それでも、僕にとっての「80年代ヤクルトベストナイン」を選ぶとしたら、サードは角富士夫しかいない。

――引退後も、コーチやフロントなどでヤクルトひと筋の人生を歩んでいらっしゃいますが、ここまでの野球人生をどのように総括しますか？

「本当にこの球団に入ってよかったなって思いますよ。現役生活20年。コーチになって15年、その後、フロントに入って……すでに40年以上もいい仲間に恵まれて、ここまでやってきました。本当にありがたいことです」

ありがたいのは僕も同じだ。あの「ヨン・ニーロク決戦」で彼が放った、美しすぎるサヨナラホームランによって、僕のその後の人生は方向づけられた。

角さん、本当にありがとう！

僕は思わず目の前の憧れの人を抱きしめたくなった。もちろん、いきなり中年男が自分よりもさらに中年男に抱きつくことは、人道上、仁義上、倫理上、衛生上、道徳上、いずれの理由からも決してしてはならないことだと理解している。

僕はただただ深々とお辞儀をして、35年分の感謝とともにヤクルトの球団事務所を後にしたのだった――。

八重樫幸雄――「古田に謝れ！」を、謝れ！

90年代のヤクルト黄金期を支えた中心人物が不動の正捕手・古田敦也だということに異論がある人は少ないと思う。

90年、野村克也監督が就任すると同時に古田もヤクルト入り。以降、ノムさんの英才教育を受けながら球界を代表する名キャッチャーとなり、やがては92年のリーグ制覇、93年、95年、97年、そして01年の日本一の立役者となった。低迷する80年代を知るファンとしては、古田にはいくら感謝しても、し足りない。

しかし、そんな名捕手は立命館大学4年生だった当時の87年ドラフトにおいて「上位指名は確実だ」と言われていたにもかかわらず、どこからも指名されないという屈辱を経験している。「メガネ」がマイナス評価となったことは間違いなかった。

そして、トヨタ自動車入社2年目の秋となる89年ドラフト時には、「メガネの捕手は大成しない」という球団内の反対意見を振り切って、ヤクルトの片岡宏雄スカウトは古田を推薦。片岡の進言もあって、ヤクルトはドラフト2位で指名、獲得することができた。

もしも、このとき片岡スカウトが球団内の反対意見に押し切られていたら、古田はヤクルトに入団せず、90年代の黄金時代も訪れなかったかもしれない。

後に古田は2097安打を放って名球会入り。兼任監督も務め、15年には野球殿堂入りを果たしている。この際の古田のコメントが実に泣かせる。

記者から、「もっとも誇れる記録は?」と問われた古田は次のように答えた。

「記録っていうか、自分でも誇れるのはメガネをかけてやってこれたことかな。〝目が悪くてメガネかけたプロ野球選手はダメだ〟って言われた時代なんでね。高校生を含めてたくさんの人に、〝メガネをかけているんですけど、(古田さんのおかげで)野球を続けています〟と言われて、やった甲斐《かい》があったかなぁと思いました」

古田の出現によって、「メガネの捕手は大成しない」という言い草は影をひそめることとなった。さて、ここで重要なのは世間一般をはじめとして、ヤクルト首脳陣の間にまで流布していた「メガネの捕手は大成しない」という固定観念だ。

賢明な読者諸兄ならば、「ある捕手」のことが頭に浮かんでいるはずだ。80年代のヤクルトには、間違いなく「メガネの正捕手」がいた。

八重樫幸雄《やえがしゆきお》――。

69年のドラフト1位で仙台商高からヤクルトアトムズ入り。当時は「東北球界始まって以来の大型捕手」と喧伝《けんでん》されたという。ここで注目したいのは、同年ドラフト7位が駒澤大学の大矢明彦だという事実である。後にライバルとなる八重樫と大矢は同期であり、指名順位は八重樫が1位で、大矢が7位なのだ。

その後、70年代から80年代前半にかけては大矢明彦に次ぐ、「第二のキャッチャー」という位置付けに甘んじるも、大矢の衰えが目立ち始めた83年から正捕手に定着。85年限りで大矢が現役を引退すると、秦《はた》真司にとって代わられる88年まで、八重樫はレギュラー捕手として試合に出場し続けた。

ここまで説明すれば、僕が何を言いたいのかが理解できるはずだ。

八重樫が捕手として成功していれば、世間に「メガネの捕手は大成しない」という誤った考えは広まることはなく、87年ドラフトで古田は屈辱を味わうこともなかったはずだ。

何しろ、「メガネの正捕手」でペナントレースを戦っていたチームのフロント自ら、「メガネの捕手はダメだ」と烙印《らくいん》を押していたのだ。八重樫の責任は決して小さくない。

僕はずっと、そう思っていた。90年代になってからは、神宮のライトスタンドで、代打で登場する八重樫にいつも厳しい野次を飛ばしていた、心の中で。

(おい、八重樫！　古田に謝れ！)、と。

僕が八重樫に冷たく当たっていたのは、当時の野村監督がしばしば口にしていた「優勝チームに名捕手あり」という格言が頭にこびりついていたことも大きかった。

事実、名捕手・古田敦也がシーズンを通してフルに活躍した年にはヤクルトは優勝していたし、故障で長期離脱を余儀なくされた94年には4位と低迷していたこともあって、「80年代の低迷は八重樫のせいだ！」という思いがどんどん強くなっていったのだった。

今から思えば、理不尽な言いがかりだと自分でも思う。

90年代当時、僕は「強いヤクルト」を満喫していたのだから、目の前の現実に酔いしれていればよかったのに、ついつい怨《うら》みがましく80年代の「低迷ヤクルト」の戦犯探しをしてしまい、そのターゲットとして八重樫に矛先を向けていたのだ。

これは、謝罪せねばならない――。

かつて、「古田に謝れ！」と言ったことを謝らねばならない。

——「古田に謝れ！」を、謝れ！

すぐに、ヤクルト球団にコンタクトを取り、晴れて八重樫本人との対面の場が設けられることとなった。渋井敬一同様、資料を集めてみようと思ったものの、「八重樫幸雄インタビュー」のような記事はほとんど見つからなかった。つまりは、現役時代の彼はインタビューを受ける機会が少なかったのだ。彼は一体、どんな人なのか？　どんな言葉を持っている人なのか？　皆目、見当もつかなかった。

（……やっぱり、ご本人は東北人らしい朴訥《ぼくとつ》な人柄なのだろうか？）

僕は期待と不安を胸に戸田寮へと向かった——。

若い頃は俊足で、一本足打法だった

「お待たせしました。ここに座ればいいですか？」

ヤクルト・戸田寮で待機していると私服姿の八重樫幸雄が登場した。「謝罪」にはタイミングがある。ここは通常のインタビューからスタートするのが得策だ。

古いスポーツ新聞を読んでいると、入団直後から八重樫には「コンバート話」がつきまとっているのが気になった。まずはその辺りを尋ねてみた。

――70年の入団当時は別所毅彦監督ですよね。このときからすぐに「外野転向」が指示され、続く71年から始まる三原脩《おさむ》監督時代には「内野コンバート」を指示されています。これはどういう経緯だったのですか？

「これはね、僕と大矢さんは入団が一緒なんです。でも、高卒キャッチャーは育成に時間がかかる。あの頃の僕は足が速かったので、時間がかかるのならば〝お前の足とバッティングを活《い》かすために内野をやってみろ〟って三原さんに言われたんです。それで、高校時代まではキャッチャーだったのにショートとかセカンドをやることになったんです」

わずか30秒弱の短いコメントの間に、僕は3度も驚かされた。

一つは「僕は足が速かった」という言葉。もう一つは「ショートとかセカンドをやることになった」というコメント。そしてもう一つは、八重樫さんの前歯が1本欠けていたことである。さすがに、前歯のことは聞けなかったので、野球の質問を続ける。

――ドラフト同期の大矢さんは、大卒だから年齢で言えば4歳年上ですよね。大矢さんに対するライバル意識のようなものはあったのですか？

「1年目はそういうものはなかったですよ。自分でもすぐに一軍で活躍できると思っていなかったし、ただ同じチームでプレーするんだという感覚。自分では遅くとも3年目までには一軍のゲームに出たいというのはありました。でも、2年目に一軍に行けたので、思っていたよりも早かったですね」

——入団時から「打撃に期待」という表現が目立ちますが、僕が子どもの頃にはすでにオープンスタンスでしたけど、入団当時はどうだったのですか？

「もちろん、その頃はあんなオープンスタンスではないですよ。プロ2年目だったかな、3年目だったかな？　荒川（博）さんがバッティングコーチで入団されたんです。そっから、一本足打法が始まってね。それでタイミングがずれ始めたんです。ゲームでも一本足で打って結果は出るんだけど、自分では〝打っている〟という感覚はなかったですね」

またまた驚かされた。八重樫が一本足打法だったとは！

王さんの恩師である荒川さんがヤクルトに入団したのは73年のことだった。荒川さんはこの原稿を書いている16年12月に86歳で急逝された。

——八重樫さんが一本足打法だったのですか？

「しばらくの間、荒川さんのお宅に行って練習をしましたよ。あの頃、一緒に練習したのは僕と杉浦（享）と渡辺（進）と、大杉（勝男）さんかな？　最後まで残ったのは僕と杉浦だったけどね。どれくらいかな？　1年半ぐらい、いや2年ぐらいやったかな？」

——それは三原監督も公認だったんですか？

「公認ですよ。まだ、若手だったから、〝一本足にしなくちゃ、上で使わないぞ〟と言われたら、必死にやりますよね」

――昔、王さんの映画を見たときに荒川さんのお宅で、日本刀でわらの束を切ったり、天井からぶら下げられた紙切れを切ったりしたのを見ました。あんな感じなんですか？

「はい、僕もやりました」

――刀も？

「そうです」

――あれは、なかなか切れない、相当難しいものなんですか？

「いやいや、切れる、切れる」

ずいぶんあっさりというのがおかしかった。

「パンツ一丁になって、天井から短冊をぶら下げてね。ビシッと。でも、僕はどちらかというと、ゆっくりとタイミングを取って、引きつけてから打つタイプだったので、前でさばく一本足打法は結局ハマらなかったけど、杉浦にはいい効果があったんじゃないのかな？　彼はほとんどレフトにしか打てなくて、引っ張ってもセンターだったのが、荒川さんの指導の後にライトに強い打球を打てるようになったからね」

インタビューが始まってからまだ10分も経っていないのに、初めて聞く話ばかりで、僕は「謝罪」を忘れて、興奮していた。

「あの頃はね、本当に練習しましたよ。シーズン中でも試合前に1時間素振りをして、1時間マシーンでバッティングをして、それから試合をして、帰ってからも練習をして。40歳を過ぎても速いボールに負けなかったのは、あのときの練習があったからですね。あの頃はバットから手を放すのがイヤだったな。一度、バットを置いたらもう一回握るときに、潰れたマメが触れて痛かったから。自分がコーチになったときに、若いコに同じことをやらせようと思ったけど、絶対に無理ですよ。身体が壊れる（笑）」

事前の想像通り、訥々としゃべる姿は実直な人柄を感じさせた。その姿を見ていると、口汚く罵《ののし》っていたかつての自分が恥ずかしくなってくる。

――75年に広島が初優勝を飾ると78年まで、ヤクルトはセ・リーグで唯一優勝のないチームでした。70年代のチームはどんな雰囲気だったのですか？

「あの頃は巨人V9時代でしたよね。巨人がとにかく強くて、チームに焦りというものはなかったんじゃないのかな？　もう、あの頃の選手はみんな負けることに慣れていた感じですよ。ただ、うちは巨人に対しては結構、成績は良かったんです。だけども、巨人戦が終わると、みんなホワッとしちゃってね。巨人にはローテーション投手をぶつけて、バッターも燃えていたけど、その後には燃え尽きちゃう状態。当時は、それほど巨人を意識していなかったけど、僕らがレギュラーになる頃は巨人に対しては必死で臨むようになりましたね」

想像以上に饒舌《じょうぜつ》な「八重樫節」に、僕は完全に魅了されていた。

80年代低迷の原因は、神宮球場の看板のせい

八重樫には、ぜひとも聞きたいことがあった。いつからメガネをかけたのか？　そして、いつからあんなオープンスタンスになったのか？　ということだった。確か、僕が物心ついた頃にはまだメガネはかけていなかったはずだった。

――八重樫さんはいつからメガネをかけるようになったんですか？

ど真ん中のストレート。そんな単刀直入の質問に対して八重樫が応える。

「えーとね、武上さんの最後の年だったかな？　その数年前からちょっと見えづらくなっていたみたいで、ゲームになると目を細めたりして視点を合わせていたようなんです。その前の広岡監督からは、〝一度、病院で診てもらえ〟って言われていたんだけど、そのままにしていました。普通にしていれば何の支障もなかったので、〝疲れ目かな？〟って。でも、病院に行ってみたら、視力は１・０ぐらいあるんだけど、実は乱視だと診断されま

した」

――その状態でよくバッティングをしていましたね。

「バッティングはまだいいんです。むしろ、キャッチャーとして受ける方が問題で。あの頃、神宮のセンターバックスクリーンの辺りに赤い看板があったでしょ？　あの看板が設置されてからですよ、背の高い投手のときにボールが消えるんです。あれ、若松さんも言っていましたよ、〝左ピッチャーのカーブのときにボールが消える〟って」

なんてことだ！　本拠地球場の欠陥が80年代低迷の一因だったとは！　当時の写真を見ると、「コカ・コーラ」と「キリンビール」の赤い看板が大きく設置されている。

――球団、球場に文句を言って、変えてもらったんですか？

「もちろん言いましたよ。でも、〝もう契約しているから変えられない〟って言われて、その年はそのままやりました。次の年からはプレー中は消してもらえる契約になったようだけど、僕が乱視になったのはあの看板のせいですよ。それでコンタクトレンズを入れようと思ったんだけど、乱視用のものがなくてメガネをかけるようになったんです」

――ひょっとして、打撃フォームがあれだけ極端なオープンスタンスとなったのは、メガネをかけたことがきっかけですか？

「そうです」

なるほど、そういうことだったのか！

ご本人は「それがいつのことだったのかはハッキリと覚えていない」という。そこで、僕の手元にある秘蔵のファンブックを繰ってみる。

すると84年版の写真ではメガネをかけておらず、85年版ではすでにメガネをかけていた。ともに、前年の試合中の写真が使われているので、84年シーズンからメガネをかけたということなのだろうか？　いや、83年版でもメガネをかけた写真が載っている。

いずれにしても、それは八重樫がプロ13〜15年目ぐらいのことだ。

アマチュア時代のことならともかく、三十路を過ぎてからメガネをかけ始めたベテラン選手に「あなたのせいで古田さんは迷惑を被ったんですよ！」と責め立てるのは、単なる言いがかりに過ぎないではないか！

ますます、僕は自分を恥じた。打撃フォームについての続きを聞こう。

「最初は普通に構えていたんです。でも、あの頃のメガネは今のようなノーフレームではなかったので、普通に構えているとボールがフレームに重なったり、フレームの外にはみ出したりするんです。そうすると、ボールが見えないから、左足を開いて正面でボールをとらえるようにしました。そのうち、タイミングを取りやすくするために左足をもっと開いたら、あの形になりました。あれはタイミング作りのための方法から生まれたんです。

オールスターに出たときに、中日の小松（辰雄）から言われましたよ、〝あのフォームだとインコースに投げづらい〟って（笑）」

「メガネをかけた捕手は大成しない」問題

――武上監督以降、中西太さんと土橋正幸さんが代行監督となり、関根、野村時代と現役を続けますが、あの頃はなかなか勝てなかったですね。特に土橋監督就任の頃は、グチャグチャだったようにファンとしては思いました。

「その通りですね。選手の中にも、〝まあ、いいやこの程度で〟っていう雰囲気はありました。監督のいないときに陰で不満を言う選手もいたしね。そういう声を耳にしたときには、〝監督で野球をやるんじゃないんだ〟って言ったりしたけどね。その次の関根さんの時代は若手とベテランを切り替える時期でしたね。途中から僕も兼任コーチになって、秦を育てる役割を任されたけど、出番が減って僕自身もしらけ始めていたよね」

――野村監督時代は、チームの雰囲気が大きく変化したのですか？

「変わりましたね。そばにいて話を聞いているだけでも、〝えっ、そんなことを考えていたのか？〟っていうことばかりですよ。今までの自分の経験は何だったんだと思いましたね。だから古田は本当に幸せですよ。飯田（哲也）も入団当時はキャッチャーだったけど、外野にコンバートされたでしょ？　関根監督時代に、僕はいつも〝飯田は野手にした方がいい〟って言っていたんだけど、野村監督時代にそれが実現しましたね。飯田は足も速かったし、キャッチャー向きの性格じゃなかったから」

（……よし、いまだ。そろそろ、《メガネ問題》を切り出そう！）

——よく、「メガネをかけた捕手は大成しない」と言われますよね。でも、古田さんは見事に大成しましたよね。

　相手の出方をうかがうために、あくまでも「質問」ではなく、「雑談」として僕は言った。

「そうですね。普通の監督だったら、あそこまで使われなかったと思うし、いいタイミングで古田は入団しましたよね」

「雑談」は不発に終わった。ならば、ストレートをど真ん中に投げ込むだけだ。

——その「メガネの捕手は大成しない」という発言を、同じメガネの捕手として、どういう風に受け止めていましたか？

「……」

（しまった、怒らせてしまったか？）

しかし、それは僕の杞憂《きゆう》だった。

「……何とも思わなかったな。気にしたこともなかったな」

――古田さんが大学時代のドラフトで「メガネだから」という理由で指名回避されたのは、「八重樫さんのせいだ」という意見も一時、ありましたよね。

本当はそんな意見など聞いたことはない。当時の僕が勝手にそう思っていただけだ。

「そうかな？　それも気にしたことはなかったね」

しまった！　自分の意見を他人のせいにしてしまったことで、「謝罪」の機会を逸してしまった。今さら、「僕もそう思っていました。すみませんでした」とは言えなかった。オレのバカ！　謝罪の機会を逸したことで、今回のミッションは失敗に終わってしまった。

そんな僕の思いをよそに、目の前の八重樫は静かに微笑んでいる。

80年代のヤクルトは弱かった。野村監督の言う「優勝チームに名捕手あり」という言葉が真実ならば、当時のヤクルトには名捕手はいなかったのかもしれない。

けれども、球界を代表する捕手である大矢明彦と古田敦也の狭間《はざま》において、来る日も来る日もマスクをかぶり続けていたのは紛れもなく八重樫幸雄だった。彼もまた脇役人生をまっとうし、奮闘し、やがてユニフォームを脱いだ。

改めて感謝の思いが自然にわき上がってくる。

＊

渋井敬一、角富士夫、そして八重樫幸雄——。

今回、個人的に忘れがたき名脇役たちに話を聞いた。主役だけでは決してドラマが成立しないように、何事にも主役の陰には脇役がいる。主役が主役であるためには、その背後には必ず、それを支える脇役たちがいる。

少年時代の僕は若松勉に胸躍らせ、青年期になると池山隆寛に声援を送り、社会人になってからは岩村明憲、青木宣親を応援した。もちろん、今では山田哲人に対して、並々ならぬ情熱を持ってエールを送っている。

しかし、少年時代と決定的に違うのは、今では脇役の存在にもきちんと目配りできるほどの分別を身につけている点だ。

かつての僕は、渋井さん、角さん、八重樫さんの存在理由をきちんと理解することはできなかった。けれども現在では、山田の陰で必死に耐え続けた田中浩康のカッコよさも知っているし、何とかレギュラーポジションを奪取しようと、懸命にユーティリティプレーヤーの道を模索している荒木貴裕や西浦直亨《なおみち》の奮闘ぶりも理解している。独立リーグから這《は》い上がり、守備固め、代打、代走、代打バントと大活躍の三輪正義は何てカッコいいのだろう。

主役の陰の脇役たち——。

彼らもまた、ヤクルト史において、決して忘れてはならない存在なのだ。

第四章

歴代エースの系譜

燃える斗魂、涼しい眉に

松岡弘――１９１勝１９０敗の大エース

ヤクルトに魅せられてすぐ、僕は一枚のレコードの存在を知った。それは、当時の大エース・松岡弘が歌っているという『とびだせヤクルト・スワローズ』という応援歌だった。近所のレコード店には売っておらず、バスに乗って千葉の繁華街まで行き、セントラルプラザ、千葉パルコの音楽コーナーをくまなく探してみたものの、ここでも手に入れることはできなかった。その後ようやく、千葉そごう・レコード売り場の「野球コーナー」でこのレコードを見つけたときの喜びは三十数年経った今でもよく覚えている。

すぐに家に戻って、プレーヤーにドーナツ盤をセットすると、朗々と歌い上げる松岡の美声に子どもながら惚《ほ》れ惚《ぼ》れと聞き入った。

男が大地の花と咲く
野球はドラマだ　人生だ
虎を生け捕り　鯨をさばき
竜を呑みこみ　鯉をつり
巨人の星をうちおとし
とびだせ　ヤクルト・スワローズ

なるほど、神宮球場のライトスタンドでツバメ軍団が奏でていたのはこの曲だったのか！　虎、鯨、竜、鯉、そして巨人。当時のセ・リーグ5球団を次々とぶちのめす勇ましい歌詞に心が躍った。以来、僕も神宮に行くたびに、周りの大人たちに交じって大声でこの歌を熱唱した。なかでも当時10歳の僕の心をとらえたのは二番の歌詞だった。

一球一心命がけ
投げ込む速球変化球

燃える斗魂《とうこん》　涼しい眉に
秘めてピンチを切り抜けりゃ
大逆転の時が待つ
とびだせ　ヤクルト・スワローズ

投手心理を歌ったこの歌詞に、僕は松岡の姿を重ね合わせていた。

ユニフォームが実によく似合うスリムな体形から躍動感あふれるピッチングフォームで黙々と投げ続ける背番号《17》。僕にとって、いや当時の球団関係者、ファンの誰もが認めるヤクルトの大エースは松岡だった。

サンケイ時代からスワローズ（アトムズ）のユニフォームに身を包み、18年間のプロ生活の通算成績は191勝190敗。名球会の入会資格である200勝まで、残りわずか9勝。石にかじりついてでも達成したかっただろうに、それでも現役を辞めていかなければならなかった心境とはどんなものなのだろうか？

現役晩年の武上四郎監督時代にはリリーフに転向し、勝ち星を積み上げられなかったのは残念だった。そして先発復帰後は、せっかく好投したのに、リリーフの「サッシー」こと、酒井圭一がボコボコに打たれて松岡の勝ち投手の権利を台無しにしたことはたびたびあった。さらに、この頃からスタメン出場の機会が増えつつあった女房役の八重樫幸雄を僕は勝手に憎んでいた。

（お前たちがしっかりしないから、松岡は200勝できないまま、辞めていかざるを得なかったのだ！）

そんな松岡さんに話を聞きたくなり、インタビューのお願いをすると、「いいよ、いつにする？」とアッサリと承諾してくれた。指定された場所は松岡さんの自宅マンション。「1階ロビーにインタビュー可能な共用スペースがあるので、そこで大丈夫だろ？」と聞かれたので、嬉しくなった僕は元気に「ハイ！」と答えたのだった。

間違いなく、松岡弘は僕にとっての最初の「エース」だった――。

別所監督時代に「体」を鍛え、三原監督時代に「心」を磨いた

現役時代と変わらぬ痩身で、顔立ちもまた往時の雰囲気をそのままに、松岡さんはご自宅マンションの共用スペースに現れた。

「僕のプロ入りは大変だったんだから。いきなりドラフト指名されて、すぐに〝やっぱりいらない〟って言われたところからスタートしているんだからね」

まずは、松岡さんのプロ入りの経緯からインタビューはスタートした。

1967（昭和42）年ドラフト5位でサンケイアトムズから指名されたものの、この年1位から4位に指名された4選手が全員プロ入りを表明したため、5位の松岡さんはなぜか「定員オーバー」となってしまい、サンケイから「やっぱりいらない」と言われた。勝手に指名しておいて、球団からの「入団拒否」という、まさかの大どんでん返し。現在では信じられないことが当時は起こっていたのだ。

「事前のあいさつも指名の約束もないまま、ドラフト当日に5位指名されて喜んでいたら、しばらくしていきなり手紙が来て、〝契約交渉はしません〟って言われたの。会社（三菱重工水島）の人たちも、みんなが〝よかったね、プロに行っても頑張れよ！〟って言ってくれていたのに、たった一通の手紙で僕の人生は大きく変わったよね（笑）」

結局、松岡さんはそのまま会社に残り、社会人選手としてプレーをする道を選んだ。

このとき「悔しいのならサンケイを見返してみろ」と父親に言われ、その年の都市対抗で大活躍する。高橋直樹（元日本ハムなど）を擁する日本鋼管には0対1で敗れたものの、その日の試合後、都内宿舎にサンケイ関係者がやってきた。

「ちょうど、ドラフトの契約交渉期限が切れる頃だったんだけど、〝申し訳ありませんでした。改めて交渉させて下さい〟って球団関係者がやってきてね。そのときに言ったよ、オレ。〝一体、何しに来たんですか？〟って」

――さすがに、前年のわだかまりは早々に解けるものではないですよね。

「解けないよ、そんなに簡単には！　結局はサンケイ入りをするわけだけども、人生において、転機をモノにしたという嬉しさはあったけどね」

ドラフト指名の翌年である68年9月にプロ入り、この年は2試合に登板した。

「入ってすぐにユニフォームを着せられて、9月の1ヵ月間で練習に参加して、10月に試合で投げて……。わけがわからないまま、舞い上がったまま登板してね。デビューは10月1日の巨人戦。いきなり、王さん、長嶋さん、テレビで見ていた人が目の前にいるんだからね。リリーフで2回を投げたんだけど、どんなピッチングをしたのか何も覚えていない。〝これではオレは通用しないな〟と思いながら投げていましたね（笑）」

当時は別所毅彦監督時代。その指導方針はシンプルなものだった。

「別所さんからは、〝とにかく走れ、とにかく投げ込め！〟としか言われなかった。でも、言われた通りにとにかく走ったことで、プロでも通用する体力を最初に身につけられたのは、その後のためにもよかったと思っていますね」

球団史については第五章で詳述するが、戦後間もない50年に国鉄スワローズとして発足したチームは、後の400勝投手・金田正一の巨人移籍に歩調を合わせるかのように、65年5月からサンケイスワローズに生まれ変わり、翌66年にサンケイアトムズに改称。69年にはヤクルト・松園尚巳《ひさみ》が球団オーナーとなり、チーム名から「サンケイ」が消滅。単に「アトムズ」となった。さらに翌70年にはヤクルトアトムズになる。

ちなみにこの年、僕がこの世に誕生した。つまり、70年生まれの僕は「ヤクルト球団」と同じ年なのだ。またこの年、ヤクルト本社は期待の新商品「ジョア」も発売している。僕は、ジョアともタメなのだ。

その後、73年シーズンまでアトムズ時代が続き、74年から9年ぶりに「スワローズ」が復活。現在に続く、ヤクルトスワローズが誕生したのだった。

松岡さんにとってのプロ3年目となる70年はヤクルトアトムズの記念すべき初年度であるにもかかわらず、チームは本当に弱かった。

5月の5連敗を皮切りに、6月は6連敗、7月は11連敗、8月にいたっては16連敗を喫する。シーズン終盤になっても、この体たらくは衰えを見せることなく、10月にも9連敗をマークして、シーズン通算130試合33勝92敗5引き分け、勝率・264。当時はV9の真っ只中にあり、この年V6を達成した首位・巨人とのゲーム差は実に45・5ゲームという堂々たる負けっぷり。当時の記録を見ているだけで、もはや笑うしかないのだ。

「この年は、本当にチームにまとまりがなくて、〝こんなチームじゃ、やっていけない〟って思いだったけど、逆にいいことも多かった。この年の僕はわずか4勝（12敗）しかしていないけど、チームが勝てない時期だからこそ登板機会も多かったし、自分のやりたいことは何でも試すことができたんだから」

――どんなことを試したのですか？

「このとき考えたのは、〝プロの世界で生き残るためにはどうすればいいのか？〟ということ。まずは真っ直ぐを磨く。それだけでは通用しないから、次にカーブを磨く。そういうことを試すことができた1年間だったね」

このとき、松岡さんの心の支えとなったのが70年から投手コーチに就任していた荒巻淳の存在だった。荒巻コーチは翌71年シーズン途中に44歳の若さで在任中に急逝する。しかし、わずかの期間ではあったが、後の松岡さんに多大な影響を与えたという。

「荒巻さんから教わったのは、インコースに投げることの大切さ。スピードだけでも、コントロールだけでもいいピッチャーにはなれない。大切なのは、バッターのインサイドを突くボール。〝キミは右ピッチャーなんだから、右バッターのインコースを攻めるボールを覚えなさい〟って指導されてね。〝そのためには、もっとシュートを磨け〟って言われました。そして、翌71年から監督になった三原（脩）さんにも同じことを言われて、さらにインコースを意識できるようになったんです。だから、三原さんにはプロとして生きるコツ、いわば《心》の部分を鍛えられたんです」

別所監督からは「体」を、続く三原監督からは「心」を鍛えられ、松岡弘は70年代から80年代初頭を支える、ヤクルトのエースへと育っていくのだった。

名実ともにヤクルトのエースに

三原監督が就任した71年に、自身初となる二ケタ勝利の14勝を記録すると、72年には17勝、73年は21勝、74年は17勝と順調に成長していく。しかし、注目したいのはその負け数だ。71年は15敗、72年は18敗で、いずれもリーグ記録をマークしている。勝つにせよ、負けるにせよ、まさに当時のヤクルト投手陣は松岡さんを中心に回っていたのだ。

「この頃の記録を調べてみてよ……」

松岡さんに言われるまま、年度別の成績表に視線を落とす。

「71年に37試合、72年に36試合も先発しているんだよ。どちらもリーグ最多。今の野球ではこんなに投げさせてもらえないよ。それは本当にいい勉強になったし、ありがたかったよね。この頃から少しずつ成績を残すことができたのはシュートをマスターしたからだよね。きっかけは70年のオフにアリゾナキャンプに派遣されて、そこで、今で言うツーシームを覚えて、次の年の春のキャンプで投げ始めたんだよね」

僕にとって、「最初のエース」である松岡さんにぜひ聞いてみたいことがあった。

――松岡さんは、いつ頃から「エースの自覚」を持ち始めたのですか？

「昭和46年、要するに71年かな？　この年からずーっと投げ続けているからね。そして、本格的に《エース》という言葉を意識したのは開幕投手を任されるようになってからかな？　開幕投手になるというのは、監督から信頼されているということだから、〝よーし、その信頼を裏切らないようにしよう！〃と頑張れるからね」

記録を調べてみると、三原監督が就任した71年から、続く荒川博監督、広岡達朗監督時代の77年まで7年連続で、松岡さんが開幕投手を務めている。

「開幕戦を任され、さらに三原監督の投手起用を見ていると、自分中心でローテーションが回っていることはよくわかるからね。巨人戦の初戦は大体、僕が投げていたから。当時は、僕と安田（猛）のふたりで巨人戦を投げていたからね。安田は同級生であり、僕とタイプは違うけれどもライバルだったからね」

この頃、早稲田大学から大昭和製紙を経て、72年にヤクルトに入団したのが安田猛だった。実は松岡さんに会う数日前に、安田さんにもインタビューをしていた。ちなみに、安田さんに会うのはおよそ30年ぶり。小学生の頃、千葉そごうで行われた「安田猛サイン会」以来の再会だった。僕はこんな質問をした。

「70年代のほとんどは松岡さんが開幕投手で、78年の1年だけ安田さんは開幕投手となりました。そこには『悔しさ』のようなものはなかったのですか？」

安田さんはまったく表情を変えずに言った。

「まったく、悔しくないですよ。僕が入団したときには4人の左投手がいたんです。ドラフト1位の杉山（重雄）、2位の榎本（直樹）、そして先輩の安木（祥二）、田中（調《みつぐ》）さん。僕の目標はこの4人を抜くことで、右投げの松岡とか、浅野（啓司）とか、そもそも目標ではなかったから（笑）」

入団当時、全力で投球しているにもかかわらず、あまりにも球速が出なかったため、三原監督から「本気で投げろ」と怒られたことは有名なエピソードだ。

「そうそう、それは本当に言われたからね。練習後、ピッチングコーチに〝これからは安田にもっと全力で投げるように言え！〟って言っていたと聞かされたから。もちろん、僕は全力で投げているわけですけど（笑）」

三原監督が、安田さんに対して「本気で投げろ」と言ったのは、隣で投げる松岡さんの速球と比較してのことだったのかもしれない。いずれにしても、70年代のヤクルト投手陣は「松岡弘の時代」だったのだ。僕がヤクルトに夢中になった80年当時も、まだ松岡さんは第一線で活躍していた。何しろこの年には最優秀防御率のタイトルを獲得している。

そして、チームの大黒柱でありながら、さらにレコードまで出しているのだから恐れ入る。先に紹介した『とびだせヤクルト・スワローズ』以外にも、松岡さんは何枚もリリースしているのだ。僕の秘蔵レコードコレクションから、あえて一枚を紹介するとすれば『男道』をおススメしたい。何しろこの曲は「作詞作曲・松岡弘」なのだ。

辛くなったら　笑顔をおくれ
かたい指切り　忘れやしない
今日の勝利に　夢を見た
男　人生　晴れ姿
おまえと飾れば　しあわせの
花が実るさ　男道

自分で歌を作って、さらに美声を披露して、マウンドに上がれば１５０キロ近いストレートで三振を奪うのだ。カッコいいったらありゃしない。だからこそ、僕は松岡さんに2

00勝を達成してほしかったし、名球会に入ってほしかった。

松岡弘の現役通算勝利数は191勝。同時代の大洋ホエールズのエース・平松政次は201勝。さらにV9時代の巨人のエース・堀内恒夫は203勝。この3人の「同級生」の中で、松岡さんだけが名球会入りを実現していないことが悔しくて仕方がなかった。

僕にはかねがね、こんな疑問があった。

ONを味方につけて挙げた203勝と、ONと対戦して記録した191勝。つまり、強い巨人で記録した203勝と、弱いヤクルトで挙げた191勝――。

これは、後者の記録の方がはるかに価値があるのではないか？

以前、この疑問を解くべく、堀内さんにこのテーマでインタビューしたことがある。堀内さんは、「当時はどこも打倒巨人でエースをぶつけてきた。常に相手チームのエースと戦い、投げ勝って記録したオレの203勝と、平松、松岡の記録とは重みが違う。それにONをバックに投げてたといっても、当時の巨人打線はON以外は大したことがなかったんだから」と、まさかの味方をディスる悪太郎節全開で語ってくれた。

改めて、松岡さんに質問する。

――ONを味方にした203勝の堀内さんと、弱小チームで挙げた191勝の……。

「ハハハハ、何だよ、急に（笑）」

質問の途中で松岡さんは笑いだしたが、僕は構わず質問を続けた。すべてを聞き終わった松岡さんは静かに言った。

「うーん、〝もしも巨人に入っていたら？〟ということはよく聞かれるけど、それは仮の話なんでね。２０３勝とか１９１勝とか、比較対象にしない方がいいと思うな。むしろ、僕や平松はＯＮと対戦させてもらうという得難い経験をしているわけじゃないですか。でも、堀内はＯＮと対戦できなかった。それは投手としてはかわいそうな気もするからね」

さらに、松岡さんの言葉は続く。

「やっぱり、〝たられば〟で話をしたらダメなんだ。逆に僕は、ヤクルトにいたからこの成績を残すことができたんだと思いますよ。もしも、僕が巨人に入団していたら、ローテーションにも入れずに１９１勝もできなかったかもしれない。でもね、みんな《１９１勝》のことを口にするけど、本当に僕が自慢できるのは《１９０敗》の方なんだよね。１９０敗もしたのに、それでも信頼して試合に使ってもらった。それはいちばんの自慢。巨人にいたら、こんなに負けたら使ってもらえないよ。でも、僕はヤクルトで１９０敗もしながら、それでも信頼して使ってもらった。それを自慢したい気分だね」

何と浅はかだったのだろう。僕は「残り9勝」にばかり気を取られていたけれど、当の松岡さんは「１９０敗」を誇りにしていたとは！　器の大きさ、度量の違いを見せつけられたような気がする、あぁ男道。

――松岡さんが考える「エースの条件」とは何でしょうか？

その答えは実にシンプルだった。

「ケガしない、病気しない、ローテーションを守る。絶対にチームから、ベンチから離れない。それがエースの条件」

カッコよかった。まさに松岡さんはエースの自覚を抱き続け、エースの条件を兼ね備え、そして見事に１９０回も負けた。それなのにチームメイトからの、そしてファンからの信頼を失うことはなく、１９１回も勝利を届けてくれた。

インタビュー終了後、持参した『とびだせヤクルト・スワローズ』のレコードジャケットに、常に男道を走り続けた松岡さんがサインを書いてくれた。

そこには「長谷川君へ　〝感謝〟」と書かれていた。

感謝したいのは、こちらの方だった――。

尾花高夫――80年代、不動のエース

70年代の不動のエースが松岡弘ならば、80年代のヤクルトのエースは間違いなく尾花高

夫だった。78年ドラフト4位でヤクルトに入団。松岡に代わって、80年代の弱小時代のヤクルトを牽引し、82年から85年まで4年連続で二ケタ勝利を記録した。14年間の現役生活をヤクルトでまっとうし、引退後にはヤクルトはもちろん、ロッテ、ダイエー、ソフトバンク、巨人などでコーチを歴任し、10年からは横浜ベイスターズの監督も務めた。

現役通算112勝135敗29セーブ。112勝のうち、80年代で挙げた勝利数は102。まさに80年代のエースは尾花高夫しかいなかった。

さらに、80年代の10年間に限って言えば、この間の敗戦数は117。これは全球団を通じて山内孝徳（元南海・ダイエー）の118に次ぐ2位の敗戦数だ。この敗戦数の多さが、「信頼の証《あかし》」だということは、すでに松岡さんの言葉で、僕は学んでいる。

ぜひ尾花に会って、80年代のお話を聞きたかった。取材窓口は、現在彼が在籍している読売ジャイアンツだった。はたして、セ・リーグのライバルチームの書籍取材を受けてくれるのだろうか？　恐る恐る連絡してみると、アッサリと許可が下りた。

ジャイアンツ球場へ出向く。敵地に乗り込む心境だったが、担当広報も、尾花も笑顔で出迎えてくれた。

実は、その数日前に、国鉄スワローズ時代の話を聞きたくて、55年に球団初のホームラン王に輝いた町田行彦さんにインタビューをしていた。詳しくは第五章で紹介するが、町田さんは巨人でコーチを務めた後に80年からヤクルトの打撃コーチに就任する。このとき、なぜか尾花の話題になった。町田さんは言った。

「僕がヤクルトのコーチになったときのことだから80年の米アリゾナ・ユマキャンプのこと。毎晩、若松や大杉たちが僕の部屋に集まって、打撃理論を戦わせていたんだけど、その中に投手陣では唯一、当時若手だった尾花がノートを持って来ていたんです」

改めて、尾花に尋ねる。

——先日、町田さんにお話を聞いたときに尾花さんの話題となりました。80年のユマキャンプで、町田さんの部屋に通っていたというご記憶はありますか？

「あるよ」

ずいぶんフランクな言い方だった。気さくな感じで尾花は続ける。

「やっぱり、打者の心理を知りたいから。バッターは打席でどんなことを考えているのかとか、どういう風にボールを待っているのかとか、そういったことは参考になりましたね。単純にピッチャーとして成功したいという思い。それだけですよ」

——ヤクルト入団当時、プロでやっていく手応えは感じていましたか？

「3日目で挫折しましたよ。ブルペンに入って、松岡（弘）、井原（慎一朗）、酒井（圭一）、永川（英植《えいしょく》）っていうピッチャーが投げていて、みんなが150キロ近いボールを投げるわけです。それを見たときに〝無理だ〟と思いました。松岡さんはエースだったし１００勝以上も挙げていたから、それも当然のことだと思ったけど、井原、永川、酒井、この３人はまだプロの世界であんまり勝てていなかったよね、当時。〝この人たちがなかなか勝てないのなら、オレが通用するはずがない〟って、思いましたよね」

僕の脳裏には、１３０キロ台のストレートをコーナーに投げ分ける現役時代の尾花の姿が鮮やかに浮かんでいた。

――そこから、どうやって立ち上がっていくのですか？

「そこで、自分の武器を考えるわけです。さらに、ブルペンで他の選手をじっくりと観察するんです。そこにいたのが、安田猛という先輩でした。背は大きくない、体形はポッチャリしている、スピードは速くない。それでも、選手名鑑を見ると、毎年二ケタ勝利を挙げている。安田さんを観察していて気づいたのはコントロールとキレがいいということでした。そのとき初めて悟ったのが、〝オレは松岡弘を目指すのではなく、安田猛を目指せばいい〟ということだったんです」

プロで生きていくためには「コントロールとキレを磨くこと」と悟った尾花は、来る日も、来る日もブルペンで投げ込んで、レベルアップを図ったのだという。

――80年代のヤクルトはずっと低迷していましたよね……。

「そう、弱かった。5（位）、6（位）、5（位）、6（位）だよ（笑）」

——あの頃、いつも神宮に行っていたんですけど、もしも尾花さんがいなかったら、ヤクルトのローテーションはさらに崩壊していましたよね。

目の前に本人がいるからお世辞を言ったわけではない。本心から思っていたことを告げると、尾花は大きく笑った。

「ハハハハハ、確かにそうだよね。でも、僕にとってありがたいのは武上監督が〝中3日で行くぞ！〟と、いつも投げさせてくれたことですよ。確かに、他にピッチャーがいなかったけど、僕にとってはありがたかったし、感謝しながら投げていましたよ」

——その分、負け数も多くなりましたよね。

「そうだね、86、87、88年と3年連続セ・リーグ最多敗戦だからね。あのときも、5試合連続で1対0の試合を作りながら、2勝3敗だったりしたからね（笑）。とにかく打てなかったし、なおかつリリーフエースもいなかったし。だから、オレが先発して、次の日に勝てそうだったら、オレがリリーフして、また次の日に先発して……。そういうことはよくやっていたよね」

80年代ヤクルト、背番号《32》がとにかくフル回転していた記憶がよみがえる。ちなみに、86年は（9勝）17敗、87年は（11勝）15敗、88年は（9勝）16敗だ。

――80年代に入り松岡さんが衰えを見せ始めた頃、「オレがヤクルトのエースだ」という自覚はありましたか？

「ありましたよ。84年に14勝を挙げたときには、すでに〝オレが必死に頑張んなきゃいけないな〟という自覚はありましたよ。エースかどうかを決めるのは周りだけど、自分では〝エースの働きはしたい〟とは思っていました」

――当時、梶間《かじま》健一、井原慎一朗、鈴木康二朗ら先輩投手がいる一方で、荒木大輔、高野光といった年下のルーキーも入ってくる。こうしたメンバーの中で「みんなを引っ張ろう」という思いは強かったのですか？

「いや、引っ張るというよりも、〝鳴り物入りで入ってきているルーキーたちには負けたくないな〟とは思っていましたね。自分自身はドラフト4位で、アマチュアのときには無名でプロ入りしているんで、いつも危機感はありました。その思いがあったから頑張れたんだと思います」

――プロ入り時には志望球団などはあったのですか？

「あのね、あるわけないでしょ（笑）。指名してくれるだけでありがたい。指名してくれるのであれば、どこでもよかったよ」

勝手に「厳格で、冗談も言わない人」というイメージを僕は持っていたものの、実に気さくな雰囲気で取材は進んでいた。

荒木大輔、プロ初勝利について

僕には、どうしても尋ねたい「ある試合」があった。第一章で少しだけ触れた「荒木大輔の初勝利」の試合だ。誘導尋問にならぬよう、まずはジャブを放つ。

——これまでで印象に残っている試合はありますか？

「いろいろあるけど、荒木の初勝利の試合は一番印象に残っているかな？」

——実は、その試合について伺いたかったんです！

何ということだろう！ まさに、その試合について聞きたかったのだ。

83年5月19日、神宮球場で行われたヤクルト対阪神戦。前述したように、プロ初先発の荒木は5回を投げて無失点。一方のヤクルトは、2回裏に大杉勝男が先制ホームランを放ち1対0でリードしたまま、6回からリリーフに立った尾花が好投して2対1で勝利。荒木に初勝利をプレゼントした。

僕はカバンから、この日のスポーツ新聞のコピーを取り出す。

「あれは予告先発だったんだからね。松園（尚巳）オーナーが〝荒木をこの日に投げさせる〟と予告したら、ファンが殺到して神宮球場が超満員。立見席までワーッとお客さんですごかったんだから」

僕の手元の新聞に目を通す尾花。大見出しには「荒木えらい!!」と書かれていた。

「これは、《荒木えらい!!》じゃなくて、《尾花えらい!!》だろ（笑）」

――この試合は、世間が注目していた試合だったので、プレッシャーも相当なものだったのではないですか？

「マウンドに上がるのがイヤだったよね。大杉さんのホームランが出たのが3回だったかな、2回か。2回終了後に、武上監督から〝尾花、ブルペンに行け！〟って言われたの。こっちは、〝えっ、どういうこと？〟って感じだよね。そして、5回が終わったら電話が鳴って登板することになって。〝マジ、ここで投げるの？〟って。で、7回裏にヤクルトが点を取って2対0になって、8回表にエラーで1点取られたんだよね。これ、〝もしも逆だったら？〟と考えたらゾッとするね。この4イニングは一球も遊びなく全力で投げたよね。本当に疲れたなぁ（笑）」

その瞬間、当時の疲労感を再現するかのように尾花の顔が大きくゆがんだ。それは当日、僕が千葉テレビでかたずをのんで見守った試合中継で尾花さんが披露した表情とまったく同じだった。

「最後の打者が、阪神のストローターっていう外国人だったんだよ。サード・杉村（繁）が捕って、〝よし！〟、一塁に投げて、〝よし！〟、ファーストが捕って、〝よし！〟、その瞬間にどっと疲れが出たよね」

三十数年のときを経て、当時が再現されて僕は興奮していた。

尾花が入団した78年は広岡達朗監督の下で日本一に輝き、引退した91年は野村克也監督が黄金時代を完成させる直前のことだった。現役通算14年間で優勝したのはルーキーイヤーの1年だけ。80年代はほぼBクラスの泥沼の中だった。

「ルーキーのときに優勝して、日本シリーズのベンチにも入ることができて、〝こういうことがこれからも続くんだろうな〟と思っていたら、まさかその一回だけになるとは思わなかったよね（笑）」

――80年代のチームの雰囲気はどうだったのですか？

「雰囲気は別に悪くなかったよ。ただ、今考えると、ずっとBクラスでみんなながなあなあではあったかなとは思うね。無理にクビを切ることはしない球団だし。ただ、それがいいか悪いかというとどうなんだろうね。〝何も問題を起こさなければ球団に残してくれる〟という甘えにつながると僕は思う。僕は引退後にチームを出たから、最近の人は僕がヤクルト出身だということは知らないんじゃない？　むしろ、今は完全に《巨人の人》と思われているだろうね（笑）」

そんなことはない。いつまで経っても、僕にとって尾花は背番号《32》、辛く苦しい80年代を支え続けたヤクルトのエースだ。

――80年代の低迷期、つい腐ってしまうことはなかったのですか？

「ない。だって、僕はそんな選手ではなかったから。与えられた仕事を全力でやらないと、僕の代わりはいくらでもいたから。僕は甲子園にも出ていないし、アマチュア時代には何の実績もない人間だったので。だって、ヤクルトに入ったときにはまず、〝どうやって名前を覚えてもらおうか？〟ってところからスタートしたわけだから。だから、得意の長距離を走るときには絶対に1位になる、練習では一番大声を出す。そういうことを意識していたね。〝あいつはスタミナがある、元気がある〟って、みんなに認めてもらおうという思いでね。それは野球技術以前の問題だけど……」

――87年に関根潤三監督が就任した頃には、「イケトラコンビ」など、チームのムードもよくなってきたように見えましたけど、尾花さんはどのように感じていましたか？

「確かにムードはよくなってきたけど、それは試合でのことではなく、単に《仲がいい》という意味でのムードのよさだよね。あの頃は当然、〝勝ちたい〟という思いはみんなが持っていたと思うけど、〝果たして、オレたちは優勝できるのか？〟と考えると、正直に言えば疑問を持っていたと思うね。だから、個人の成績に走るんだよね。僕だって、そうだよ。先発はいない、抑えはいない、野手は打たないでは、個人成績に走るよね」

――しかし、90年に野村克也監督が就任すると「チームのムードがガラリと変わった」とみなさんが言いますが、当時ベテランだった尾花さんはどう感じましたか？

「ミーティングはとても長かったし、カウント別による打者心理や投手心理など、今までの野球観が覆るほどの衝撃でしたよ。ただ、僕はそれまでに野村さんの本は全部読んでいたし、『週刊朝日』の野村さんの連載も読んでいたので、ミーティングを聞けるのは嬉しかったですね。あれだけ実績のあるキャッチャーですから、貪欲に知識を得たかった。それは、町田さんの部屋に行って、お話を聞くのと一緒ですよ。そういう努力をしても、大した成績を残せなかったけど、努力しなかったら、もっと早く引退していたよね。当時の探究心は、今のコーチ業にも役に立っていると思いますね」

話を聞いていて、尾花の引退試合の様子がありありと浮かんできた。ラスト登板は91年10月16日、広島カープの正田耕三を空振り三振に打ち取り、尾花はチームメイトから胴上げをされた。あの瞬間も、神宮の片隅で見守っていたことを思い出す。

「あの試合の前に、野村監督がみんなを集めて、〝今日の試合は古田の首位打者と尾花の引退もあるし、単独Aクラスもかかっている大事な試合だ〟って言ったことを覚えているな。そのことにはすごく感謝していますね」

前述したように、現役引退後の尾花は各球団で名参謀として大活躍している。一ヤクルトファンとしてはそれを嬉しく思う反面、どんどん「ヤクルト色」が薄まっていることを少しだけ残念に思っているのも事実だ。僕は正直に尋ねた。

――尾花さんは「ヤクルトOB」ですよね？

一瞬、何を聞かれているのか理解できなかったようだったが、すぐに笑顔になった。

「もちろん、ヤクルトOBです。それ以外に何があるの？」

僕は思わず「あぁ、よかった」と漏らすと、さらに笑顔が弾けた。

「何を言うてんねん（笑）」

それまで標準語で話していた尾花は、最後にド関西弁で大きく笑った。

90年代のエースは誰なのか？

70年代の松岡弘、80年代の尾花高夫はスムーズに浮かぶものの、黄金期を迎えた90年代の「ヤクルトのエース」となると、名前が出てこない。いや、もちろんキラ星の如くいくつもの名前は頭に浮かぶ。

92年、14年ぶりに出場した日本シリーズ。3試合に登板してすべて完投した岡林洋一の獅子奮迅の大活躍。翌93年には川崎憲次郎の右腕によってチームは日本一に輝いた。また、同じく93年には高速スライダーを引っ提げて颯爽《さっそう》とデビューした伊藤智仁の輝きも忘れがたい。あるいは90年代半ばになると石井一久が台頭し、大黒柱としての活躍を見せた。

しかし、いずれも「ある一瞬」の輝きで、「90年代」という10年単位で考えてみると、いずれも決め手に欠けるのだ。リリーフエースならば、高津臣吾という球界を代表するクローザーがいる。しかし、「エース」の称号はやはり先発投手に与えたい。

そこで、当時の選手たちに片っ端からインタビューを敢行した。岡林や川崎は「僕はエースじゃない」と言い、石井一は「エースはいなかったんじゃないですか?」と言い、野手陣に聞いても、「……エース? 誰だろうね?」とつれない答えが続く。

(……エース不在で、優勝などできるものなのか?)

そんな疑問を抱いていたところ、伊藤智仁が明快な答えを導いてくれた。

「90年代のヤクルトに、いわゆる《エース》と呼ばれる人がいないのは、チームが強かったからですよ。強いチームのときはどうしてもチーム内の競争が激しくなる。出番を与えられるのなら、多少の疲れや故障があっても、選手たちは自分から進んで登板します。その結果、一時的には驚異的な成績を残すことはできる。でも、その反動が必ず来て、不調になったり、故障に苦しんだりすることになる。それで《90年代》という10年間を代表する投手が登場しなかったんじゃないですかね……」

先に名前を挙げた岡林、川崎、伊藤智、石井一はいずれも故障に苦しみ、手術、リハビリによる長期離脱を経験しているだけに、この発言には説得力がある。

やはりチームが弱かったから松岡も、尾花もその存在が際立っていたのだろう。

たとえば、80年代から90年代にかけての巨人には桑田真澄、斎藤雅樹、槙原寛己という盤石な三本柱が存在しており、しばしば「3人の中でエースは誰だ？」という論争が起こった。やはり、強いチームには柱となる投手が複数存在して互いに刺激し合い、突出した存在は現れにくい。70年代のV9時代の巨人には堀内恒夫という絶対的エースがいたが、他にも城之内邦雄、高橋一三《かずみ》らがしのぎを削っていた。

誤解してほしくないのは伊藤智の発言は、「昔の投手はラクだった」というものではないということだ。70年代の松岡弘も、80年代の尾花高夫も、弱小チームの中で八面六臂《はちめんろっぴ》の大活躍を見せており、90年代以降では考えられない、今となっては「メチャクチャな」としか形容できない投手起用の中で投げ続けてきた。

投手分業制が完全に確立し、徹底的な健康管理も普及し、肩や肘の「違和感」という言葉が使われるようになったのは近年のことだ。腕もちぎれよとばかりに投げ続け、故障に苦しむ短命投手は少なくなった。連投もいとわず球数なんかも気にしない「根性」「気合い」に象徴されるような「かつてのエース像」は完全に姿を消した。

伊藤智仁の発言にあるように、それまでは「まだそういう野球だった」ものが、90年代になると完全に変わった。まさに、ヤクルトの黄金時代は「野球の変わり目」の時期と一致しているのではないだろうか？

当時は科学的なトレーニングが普及し始め、近代的な野球観が誕生しつつあった。

95年に野茂英雄がメジャーリーガーとなったのを皮切りにメジャーリーグとの垣根が一気に低くなり、アメリカの野球観がリアルにもたらされるようになった。

ヤクルトからも98年には吉井理人《まさと》がニューヨーク・メッツに移籍。以降も02年には石井一久がロサンゼルス・ドジャースに、04年には高津臣吾がシカゴ・ホワイトソックス、07年には岩村明憲がタンパベイ・デビルレイズ（現タンパベイ・レイズ）、10年に五十嵐亮太がニューヨーク・メッツ、さらに青木宣親が12年にミルウォーキー・ブルワーズと、続々と主力選手が海を渡っている。

有力選手の海外進出は時代の趨勢《すうせい》なのだろう。松岡も尾花も生え抜き選手であり、ヤクルトのユニフォームを着たままで現役を引退した。当然、ファンの中でも思い入れ、愛着度は強くなる。チームが強くなったこと、野球観に変化が見られたこと、FAによる人材流動が活発化したこと、海外移籍が多くなり始めたことも相まって、90年代のヤクルトには絶対的エースは存在しなかった。

しかし、03年の現役引退以来、一貫してヤクルトでコーチを続けている伊藤智仁は言う。

「90年代に絶対的なエースはいなかったけれど、00年代で言えば石川（雅規）がエースと言えるんじゃないですかね？」

石川雅規――。

青山学院大学から01年の自由獲得枠でヤクルトに入団。公称167センチメートルという小さな身体ながら、シンカーを武器に02年に新人王を獲得すると、入団から5年連続で二ケタ勝利。08年には最優秀防御率のタイトルを獲得。16年シーズンには通算150勝を達成している。この数字は、金田正一、松岡弘に次ぐチーム歴代3位の勝ち星だ。

伊藤智仁は言う。

「石川は、痛いだの辛いだの言わずにマウンドに上がり、気持ちでピッチングを続けるタイプです。入団当時はそうでもなかったけれど、今では誰もが認める立派なエースだと言えると思います」

石川の特筆すべき点は入団以来、ケガらしいケガがなく、ほとんどのシーズンでローテーションを守り続けているところだ。松岡弘の言う、「ケガしない、病気しない、ローテーションを守る。絶対にチームから、ベンチから離れない」という「エースの条件」を見事に満たしている。さらに、生え抜き選手であり、一度も他球団のユニフォームに袖を通していない。また、石川の入団以来ヤクルトはしばらくの間、優勝から見放され続けた。「弱いチームで孤軍奮闘」というのも、70年代の松岡、80年代の尾花と通じる部分がある。

14年ぶりにセ・リーグ制覇を実現した15年シーズン。9月27日、天王山と称された東京ドームでの巨人戦。石川は中4日で志願の登板。自ら先制打を放つ活躍を見せて勝利投手となり、ヤクルトについにマジック3が点灯した。僕はこの日、海外取材中のベルリンの空の下、ヤキモキしたまま「一球速報」で石川の投球を見守っていた。

なるほど、確かに石川雅規は00年代以降のエースと言えるだろう。

ぜひとも、石川に話を聞きたくなった。

石川雅規――167センチメートルの小さな大投手

ヤクルト球団に連絡を取ると、すぐに石川へのインタビュー日程が決まった。しかし、その前に僕は石川とほぼ同年代の館山昌平に話を聞くことにした。

石川より1学年下で、日本大学出身の館山と青山学院大学の石川は東都リーグで投げ合った間柄で、プロ入り後も互いに切磋琢磨《せっさたくま》しながら競い合ってきた仲だ。館山が言う。

「学生の頃から尊敬していますけど、僕が考える石川さんのすごさは《その場の空気を作り出す能力》なんです。新しく入ってきたスタッフや新人選手に対して、一瞬にして何年も一緒にやってきた仲のように迎え入れることができる。トップの石川さんがそういうスタンスだから、チームの雰囲気がフレンドリーになっているんだと思いますね」

――かつて、マスコミ上では石川さんを「左のエース」、館山さんを「右のエース」と称していたことがありました。この表現については、どんな意識をお持ちですか？

「チームのエースというのは、当然石川さんだし、石川さんであるべきだと思います。でも、石川さんのことを《左のエース》と言うのであれば、当然、《右のエース》という意識も出てきます。対にしてもらえるのならば、〝僕が《右のエース》でありたい〟とはずっと思い続けていたし、〝少しでも追いつきたい〟と思って、ここまでやってきました」

続けて館山は具体的な数字を挙げてくれた。

「09年に僕は16勝で最多勝を獲《と》りました。このときの僕はチームが勝っている場面で15回降板しました。同じ年、石川さんは19回も勝っている場面で降板したのに結果は13勝でした。要するに、後続の投手がリードを守れずに石川さんの勝ち星が消えたんです。結果的に僕が最多勝を獲ったけど、数字だけでは判断できない流れもあるんです。その流れとしては、やっぱり石川さんが投手陣の中心なんだと僕は思います」

契約更改時に、自身の投球に関する詳細なデータを持参して臨むといわれる彼らしい理論的な説明に僕は納得していた。

何度も手術を繰り返し、15年にはカムバック賞に輝いた館山だからこそ、大きな故障もなくローテーションを守り続ける先輩の偉大さを痛感している。

「僕がケガをしてリハビリをして、チームから離れている間も石川さんはずっとチームで投げ続けていました。石川さんのすごさを改めて感じるとともに、感謝の思いしかないです。だからやっぱり、エースは石川さんなんです」

理路整然と語る館山の話を聞きながら、僕もまた「やはりエースは石川なのだ」という思いを強くしていた。

しかし、僕の胸の内には、倒れても、倒れても、何度でも立ち上がる館山昌平もまた「立派なエースなのだ」という思いも強くある。彼については第八章で詳述したい。

＊

館山昌平に話を聞いた翌日、神宮球場に併設されたクラブハウスで待機していると、練習を終えたばかりの石川雅規が現れた。まずはプロ入り時の話を聞いた。

——01年ドラフト、自由獲得枠でのヤクルト入団でした。入団前に抱いていたヤクルトに対するイメージはどのようなものでしたか？

「印象に残っているのはやっぱり90年代ですね。あの頃はヤクルトと巨人が交互に優勝していたイメージがあります。地元の秋田では巨人戦しか中継されていなかったので、正直、小さい頃は巨人ファンだったんですけど、〝ヤクルト強いな〟と思っていました」

——大学時代、プロアマ混合となった00年のシドニーオリンピック予選では古田敦也捕手とすでにバッテリーを組みました。古田さんの印象は？

「テレビを見る限りでは、強肩強打でリードがすばらしい、球界ナンバーワンのキャッチャーだと思っていました。〝いつか受けてほしいな、受けていただけるチャンスがないかな〟って常々思っていましたね。全日本に選ばれて、古田さんに受けてもらったことで、〝プロでもずっと受けてもらいたい〟という気持ちが強くなりました」

なるほど。当然、金銭面などの諸条件の影響もあったのだろうけれど、「古田の存在」というのも、ヤクルトを選択する一因となったのだろう。

——ドラフト直前に行われた01年10月6日、横浜スタジアムで行われたセ・リーグ優勝試合をスタンドでご覧になっていたそうですね。

「自分の中では〝スワローズに入るかもしれない〟という思いがあったんです。ちょうど大学の寮も近かったので、〝一度、プロ野球の雰囲気を見てみたい〟と思って、初めて見に行きました。テレビで見るイメージと一緒ですごくチームの雰囲気がよかったし、やるときはやるというメリハリも感じたし、〝大人の集団だな〟と思って見ていました」

この日、僕もハマスタのスタンドにいた。マジック1のまま足踏み状態が続いて乗り込んだ横浜スタジアム。敗色濃厚の8回表、「今日もダメかな？」と思っていたら、ロベルト・ペタジーニの同点スリーランが飛び出して延長戦に。そして、延長10回に勝ち越して迎えた歓喜の瞬間。優勝監督インタビューで若松勉監督が放った、「ファンのみなさま、おめでとうございます」という名言に涙が滲んだことを思い出す。

この現場に石川もいたのか！　急に親近感が湧いてきた。

――でも、この優勝直後に入団したものの、チームはこれを最後に15年のセ・リーグ優勝まで14年間もVからは遠ざかってしまいましたね。

「こんなに長い間、優勝できないとは思っていなかったですね。1年目のキャンプにはチャンピオンフラッグがなびいていたし、僕自身90年代の黄金時代もテレビで見ていて、01年の胴上げも現場で見て、〝2、3年に一度は優勝できるだろう〟と思っていましたね

（笑）。このとき、石井一久さんが抜けたんです。僕にとっては出番が増えるチャンスだったけど、チームには痛手だったんだと思います」

この間、石川は「日本シリーズは見なかった」という。ペナントレースをともに戦った相手が大舞台で躍動している姿を「悔しくて見られなかったから」だ。

大学を卒業したばかりのルーキーも、少しずつ実績を積み重ねてやがて30代となりチームにおける役割も変わっていく。

「若い頃は、ただガムシャラにやるだけだったけど、周りがどんどん若い選手になってくると、〝自分が先発投手として引っ張っていかなければ〟という思いは強くなりました。自分の成績よりも、チームの成績の比重が大きくなっていきましたね。僕は言葉ではうまく引っ張ることはできないので、何とか自分の背中だったり、数字だったりで、チームを引っ張りたいと思っていました」

やはり、こうした考えが若い選手からの尊敬を集めるのだろう。

――その姿勢が顕著に表れたのが、15年9月27日、優勝をかけた天王山・東京ドームでの巨人戦、中4日での志願登板だったのですね。

「志願と言いますか、普段から、監督やコーチから〝投げてほしい〟と言われたときに最高の準備をするのが自分の仕事だと思っているし、そういう存在でありたいと考えているので、〝よし、やってやろう〟という感じでしたね。あの日は、すごく冷静にいられました。前日もぐっすり眠れたし、朝起きても、〝よし、今日は試合だ！〟って、ワクワクしていましたからね（笑）」

――でも、あの日は風邪気味だったんですよね？

「そうです。子どもが遠足の前の日に興奮して熱を出すのに近いというのか、試合のことを考えすぎて知恵熱になるというのか、そんな感じだったのかな？」

すでに30代後半を迎えている石川だが、あまりに童顔のため「遠足の前の晩に興奮しているカツオくん」の姿が違和感なく僕の頭に浮かんだ。ちなみに、「カツオ」とは彼のあだ名で、由来はもちろん『サザエさん』だ。

そろそろ本題に入ろう。

――現在、石川さんには、「エースの自覚」はありますか？

「うーん。エースというのはもちろん、周りが決めることですけど、僕の中では〝こいつに任せたら大丈夫だ〟とか、〝こいつなら絶対に勝てる〟と思わせるのがエースだと思っています。でも、エースというのはグラウンド内のことだけじゃなくて、それ以外の要素もとても大きいと思います。宮本（慎也）さんには、〝みんなはお前の立ち居振る舞いを見ているんだぞ〟とよく言われています。日頃のトレーニング、行動も含めてエースなんです。だから、僕はまだエースではないと思うけど、それでも、小さいときから、〝自分の投げる試合はオレがエースだ〟という思いは持っています」

伊藤智仁は、石川について「言葉ではなく、態度でみんなを引っ張る」と言い、宮本慎也は「マサには、そろそろ言葉でも引っ張っていってほしい」と言っていた。

「宮本さんにはいつもメールでアドバイスをもらっています。〝マサも、そろそろ年齢も上がってきたので、あえて言葉に出すことで、自分への責任が生まれるんだぞ〟って言われているので、それは意識してやるようにはなりました。宮本さんみたいなキャプテンシーを僕も持ちたいけど、自分なりにやっていければいいと思っています」

淡々と話し続ける姿が印象的だった。

そろそろ時間が迫っていた。あらためて、今後の目標を聞くとこんな言葉が返ってきた。

「先は長いけど、夢は大きく200勝を目指します！」

この言葉を聞いて、僕は松岡弘のことを思い出す。現役通算191勝で引退していった背番号《17》の勇姿を。

実は、この前日、館山昌平がこんなことを口にしていた。

「僕が入団してから、多くの先輩投手たちから指導を受け、いろいろな思いを聞いてきました。投げたくても投げられなかった人たちの思いです。そうしたことの蓄積がケガをしても何度でも復帰し、僕が今も現役を続けられる理由だと思います」

そこで、館山が口にしたのは「松岡さんが191勝で辞めていった経緯も聞きました」というフレーズだった。松岡自身は否定していたものの、以前、安田猛は、こんなことを言っていた。

「マツは200勝したかったと思う。でも、首の状態も思わしくなかったし、当時の土橋（正幸）監督と起用法をめぐって対立して辞めていかなければならなかった。当時、僕は投手コーチだったけど、引退を決意した夜、大阪のホテルでマツが悔しそうに泣いていた。そしてふたりで抱き合いながら涙を流したことを今でも覚えているよ……」

達成したくてもできなかった200勝。松岡弘が達成できなかった悲願を、ときを超えて石川雅規が実現する。「エース」のバトンを受け継いだ小さな大投手、背番号《19》のこれからに、僕はますます期待する――。

第五章

国鉄戦士たちの系譜

伝説のカネやんに会えなくて……

国鉄、サンケイ、そしてヤクルト

若松勉から山田哲人まで、ヤクルトの「背番号《1》の系譜」をたどる物語を執筆し、松岡弘から石川雅規まで、スワローズの「エースの系譜」をたどる旅を続け、僕にはずっと引っかかることがあった。

——なぜ、背番号《34》が永久欠番ではないのか？

ヤクルトに永久欠番はなく、準永久欠番が存在するということは第二章で触れた。

しかし、スワローズには本来ならば永久欠番・背番号《34》が存在していなければならない。現役通算400勝という不滅の大記録を達成した大エースが、かつてスワローズのユニフォームに袖を通していたのだ。毎年20勝をマークしても20年かかる大記録。今後、絶対に破られることはないだろう。

言わずもがな、カネやんこと金田正一である。大エースに対して失礼とは承知しつつ、敬意を込めて、本書ではこれ以降も「カネやん」と呼ばせていただきたい。

カネやんは69年に巨人で現役を終えたものの、400勝のうち353勝を国鉄スワローズでマークしている。球団の歴代勝利投手ランキングを作ると次のようになる。

1位……金田正一（353勝267敗）※スワローズ時代のみの通算成績
2位……松岡　弘（191勝190敗）
3位……石川雅規（152勝137敗）※16年シーズン終了時点
4位……村田元一（118勝140敗）
5位……尾花髙夫（112勝135敗）

2位の松岡の記録を162勝も上回るカネやんの記録の壮絶なこと！

以前、あるテレビ番組の収録現場でカネやんと一緒になったことがある。カメラの前で若いスタッフが長嶋茂雄のデビュー戦である、58年の「4打席連続三振」の場面を尋ねると、カネやんは烈火のごとく怒りだした。

「お前、もう一度、歴史を勉強してきなさい。あの時点で金田はプロ9年目の大ベテラン。対する長嶋は大学を出たばかりのルーキー。そのふたりが対戦すればどんな結果になるのか、対戦前から結果はわかっていた。特に話すべきことは何もない。もう一度、歴史を勉強して出直してこい！」

その瞬間、現場は凍りついたものの、傍らで見守っていた僕は「確かに金田さんの言う通りだ」と納得するとともに、自らを恃《たの》む思い、その強烈な自尊心が強く印象に残った。世間は「4打席連続三振」のことばかり話題にするけれども、カネやんにとって、それは当然の結果であり、大騒ぎすることではないのだ。それをしつこく何度も何度も聞かれれば、怒りだすのも無理はない。

しかし、さらに驚いたのは長嶋に対してカネやんは自信満々で臨んだわけではないということだった。このときのコメントを僕は『巨人の魂』（長谷川晶一／東京ニュース通信社）において、次のようにまとめた。

「こんな新人なんかに打たれるわけがない」という強い思いがあった。しかし、金田は言う。「ワシは一度だって気楽な思いで投げたことはない」と。常に緊張の連続の野球人生を送ってきた。この日、対長嶋に対しても「自信はあった。しかし、緊張もしていた」と金田は率直に語る。

「一抹の不安があるから、徹底的に態勢を整えて試合に臨んだ。だから、長嶋は4三振して当然なの。長嶋は徹底的に研究されとる。一方の長嶋は〝ボールは必ずベースの上を通るんだから、きちんと見て叩けば飛んでいく〟という観念しかない、自信の塊のようなバッター。金田に対しても恐怖心も何もない。だから、彼が見たこともない球を投げた。あの結果は決してたまたまじゃない。何も研究していなかった長嶋と、力のあるピッチャーが、恐れて、研究して襲いかかっていったから勝っただけなんです。どんないいバッターでも、いいピッチャーには勝てん。それが野球や」

何とカッコいいコメントなのだ。ぜひ、スワローズ史上最大級のレジェンドにお会いしたいと思い、もはや歴史上の人物であるカネやんの事務所に取材アポを入れる。

しかし、なかなか返事がこない。しばらく待って届いたのは「取材はお受けできません」との返答だった。

スケジュールの問題なのか、それとも取材謝礼の金額の問題なのか？

時間ならいくらでも待つ。金田さんのご都合のいいときまでじっと待ち続けるし、指定の場所まで、どこにだって出向くつもりだった。ギャランティの問題ならば、「いくらでも出す」とは言えないけれど、精一杯の金額をご提示するつもりだった。しばらくの間、食い下がったものの、それでも答えは「ノー」だった。理由は不明。無名のライターの取材などは受けたくないのだろうか？

するとと、ある関係者からこんなウワサを耳にした。

「カネやんはスワローズ関係の取材はすべて断っているようだよ……」

理由を聞く。

「スワローズに対して、いい印象を持っていないからじゃないの？」

やはり、そうか。それも当然のことだと思う。カネやんとスワローズとの別れは、あまり後味のいいものではないのだから。

カネやんがスワローズを去る経緯を振り返ってみたい。

１９６５（昭和40）年シーズン、現在のフリーエージェント制度の原型である当時の「B級10年選手制度」の権利を行使し、カネやんは巨人でのプレーを選択する。その背景には当時の巨人・川上哲治監督に望まれたこと、その3年前の62年からスワローズの経営に参画していたサンケイグループの方針にカネやんが反発していたこと、そして何よりも64年シーズンを最後に彼が人一倍愛着を持っていた「国鉄スワローズ」が消滅し、サンケイが表舞台に登場することとなったためだと言われている。僕が生まれる6年も前のことではあるけれど、この64年という年は東京オリンピックが行われ、東海道新幹線が開通し、国鉄スワローズが消滅し、カネやんが巨人に移籍した年として、僕には印象深い。

その一方で、僕は2009（平成21）年秋に行われた「若松勉氏の殿堂入りを祝う会」で乾杯の音頭を任されたカネやんの満面の笑みと、そのコメントを思い出す。

「スワローズの歴史の中で、自分ほどの悪童はいなかった。そして若松は、誰からも好かれる。なぜ、ここまで差があるのか（笑）。殿堂入りは本当に嬉しい。このような盛大な会を開けてよかった。最高の仲間、最高のバッターです！」

この言葉を聞く限り、カネやんとスワローズとの間に何も遺恨はないように思えるのだが……。

結成時の出遅れが50年代の低迷に

50年の2リーグ分立時に誕生した国鉄スワローズ。

チーム誕生に当たって、全国の国鉄職員の機関紙である「交通新聞」紙上で新球団の愛称を募集したところ、コンドルズ、フォルコンズ、ジョーカーズなどの候補の中から「特急つばめ」にちなんでスワローズと名づけられた。

球界参入が発表されたのは年が明けた50年1月のこと。3月に開幕するペナントレースまでにはほとんど時間がなかった。

このとき、同時にリーグに参加したのは大洋ホエールズ、広島カープ、西日本パイレーツ、毎日オリオンズ、近鉄パールス、西鉄クリッパースの6球団。これらのチームはすでにアマチュアの有力選手の獲得をほぼ終えており、完全に出遅れた国鉄スワローズは、他球団からの「選手供出」の約束を取りつけたものの、結局、この取り決めは反故《ほご》にされてしまい、母体である国鉄の各管理局の野球部の選手を中心に何とか体裁を整えたのだった。

こうした波乱の幕開けを経て、国鉄スワローズはずっと低迷し続けた。

さらに、62年から70年前後にかけてのスワローズ史は激動の歴史でもある。

その発端となったのは62年5月3日の国鉄常磐線における列車多重衝突事故、「三河島事故」だった。国鉄スワローズは国鉄本体とは別の外郭団体「交通協力会」が運営していたものの、チーム名に「国鉄」と冠されている以上、「国鉄戦後五大事故」の一つであり、死者160人を出した大惨事に世論の風は厳しかった。

「のんきに野球などやっている場合か！」

世間からの批判にさらされたことで、国鉄首脳の危機感は高まる。

この事故を契機として、それまで「プロ野球進出」に色気を見せていたフジサンケイグループと国鉄は急接近。巨人を擁する読売新聞の後塵《こうじん》を拝していたサンケイ新聞を筆頭とするサンケイグループ（サンケイ新聞、フジテレビ、ニッポン放送、文化放送）は、以前より業務提携を持ちかけていたが、このときは国鉄サイドから提案したのである。

これにより62年8月3日に業務提携が発表されたが、その実権はサンケイグループが握っており、「国鉄色」は急激に薄まっていく。ちなみに、すでに55年から大阪で発行されていたサンケイスポーツは、この業務提携の翌63年に東京での刊行がスタートする。

後述するが、国鉄スワローズは国鉄本体と同様に「家族主義」と言うべき、アットホームな空気が充満していたという。戦闘集団であるべきプロ球団としてはマイナス面も大きかったが、選手たちにとっては実に居心地がいい集団だったようだ。この点は、後の「ヤクルト時代」とも相通じるものがある。しかし、サンケイグループとの業務提携によって、こうした温情主義は少しずつ薄まっていくことになる。

このときオーナーに就任したのがサンケイの水野成夫《しげお》社長だった。経済界の重鎮である水野の球団経営にかける意気込みは並々ならぬものがあった。

63年、手始めに阪急ブレーブス、高橋ユニオンズなどで監督を務めた「球界彦左」こと浜崎真二を監督に招聘《しょうへい》すると同時に、61年に球団初のAクラス監督となった砂押邦信監督のヘッドコーチ降格を断行。これは、「かつて砂押が指導した立教大学、ノンプロの日立出身者ばかりを優遇する」というチーム内の不満を一掃する狙いもあった。

例えば、完全試合を達成した森滝義巳、森滝の同期の小西秀朗、後にスワローズのコーチとしても長く活躍する丸山完二、砂押監督の抜擢を受けて正遊撃手になった杉本公孝、後に名スカウトとして名を馳《は》せる片岡宏雄、「カネやんの女房」と称された根来《ねごろ》広光の後を受けて正捕手となる岡本凱孝《よしたか》は、いずれも立教大学出身者だった。

だが、これも長続きせず、神宮球場が正式に本拠地となった翌64年にはサンケイ・水野社長主導で、後に阪神時代の江夏豊や西武の若手だった工藤公康を育てたことで知られる林義一が監督に就任。鳴り物入りで指揮を執った浜崎監督はわずか1年でチームを去ることになった。

こうした一連の監督人事に不満を抱いたのがカネやんだった。

65年シーズン途中から「エースと監督の確執」が表面化し、カネやんは露骨に登板を拒否する機会が増えてチームは低迷する。一方、「林更迭」を訴える国鉄サイドと「林続投」を指示するサンケイサイドとの対立も深刻化。チームは完全に空中分解していた。

なぜ、サンケイサイドが「林監督続投」にこだわったのかというと、グループ紙のサンケイスポーツ以外のスポーツ紙が8月の段階で「林監督退団」をスクープしたため、他紙の報道通りに物事が運ぶことを阻止するためだったという説がある。これが本当だとしたら、何とも情けない。

「あんな監督が来年も指揮を執るなら、こんなチームではプレーはできない」

記者会見でのカネやんの発言だ。これに対する球団サイドは冷淡だった。

「極力、金田の慰留に努めるが、それでも球団の決定した方針に反対するのであれば、放出もやむを得ない」

そしてこの年のオフ、カネやんはチームを去る。同時に「国鉄スワローズ」の名前も消え、新たに「サンケイスワローズ」が誕生することになる。

国鉄球団からサンケイ球団への身売りを伝える記者会見は、シーズン途中の65年4月23日に行われたが実質的には前年オフ、カネやんの国鉄退団によって完了していた。

この発表を受けて、正式に「サンケイスワローズ」が誕生したのはシーズン途中の同年5月10日。何と中途半端な、行き当たりばったりの出来事なのだ！　ちなみに、記念すべき初戦は翌11日、本拠地・神宮球場でサンケイ対阪神戦が予定されていたが、雨天のため中止となっている。何と幸先の悪いスタートだろう。

さらにこの年はシーズン途中に、あれだけ揉《も》めに揉めた林監督をアッサリと解任。後任を託されたのは、一度は更迭したはずの砂押二軍監督という迷走ぶり。スワローズの歴史を編年体で丁寧にまとめた『スワローズ球団史』（徳永喜男／ベースボール・マガジン社）によると、このとき、水野サンケイ社長は全選手を前に檄《げき》を飛ばしたという。

「今までの君たちを見ていると、一般サラリーマンとちっとも変わらない。勝負の世界に生きるプロ選手として、鋭さのないのははなはだ遺憾だ。今後はサンケイスワローズの一員として名を連ねる以上は、常に全力を尽くせ。私は信賞必罰を厳しく行う方針だから、一層の努力をしてほしい」

まさに、「脱ぬるま湯宣言」であり、国鉄時代と決別する「さらば、家族主義宣言」だった。当時の選手たちはこの180度方針転換にとまどったことだろう。

そして、翌66年には、当時フジテレビで放送されていた日本初の本格的テレビアニメ『鉄腕アトム』から、チーム名を「サンケイアトムズ」に改称。球団創設以来の「スワローズ」は、このときいったん姿を消し、新ユニフォームのデザインをアイビーブランドの雄・VANの石津謙介が務めることになった。

67年は、80年代に監督となる武上四郎が新人王を獲得したぐらいしか明るい話題はなく、翌68年にはサンケイ社長・水野成夫が病に倒れる。このとき、病床の水野を見舞って「球団経営の意気込み」を語ったのがヤクルト社長の松園尚巳だった。

その結果、この年の12月、球団役員会で代表取締役社長に松園が就任。翌69年にはオーナーとなり、「ヤクルト球団」誕生の機運が少しずつ高まっていく。

そして、この年はまたもチーム名が変わる。母体はサンケイ、オーナーはヤクルトという曖昧さを回避するために、チーム名から「サンケイ」の名前が消えて、単に「アトムズ」となったのだ。しかし、この曖昧状態は長くは続かなかった。翌70年には「ヤクルトアトムズ」となり、初めて「ヤクルト」の名前が冠されることになった。

ヤクルトアトムズは70年から73年まで続いたが、73年に『鉄腕アトム』を制作していた手塚治虫の虫プロダクションが多額の負債を抱えて倒産。これをきっかけに、国鉄時代の愛称・スワローズが復活。74年からついにヤクルトスワローズが誕生した。

……と、ここまでの数年間は「国鉄・サンケイ・ヤクルト」の三者の思惑が、それぞれ入り乱れる複雑怪奇、魑魅魍魎《ちみもうりょう》の世界が展開されるものの、僕は子どもの頃から、これらの経緯は自然と頭に入っていた。

そう、序章で紹介したファンクラブ会員手帳の「球団30年史」を小さい頃から何度も熟読していたからである。氏族政治や律令政治から摂関政治を経て、院政、幕府政治へと続く日本史よりも先に、まずはスワローズ史を学習していたのだ。改めて整理してみよう。

50〜64年……国鉄スワローズ

65年………サンケイスワローズ
66〜68年……サンケイアトムズ
69年………アトムズ
70〜73年……ヤクルトアトムズ
74〜05年……ヤクルトスワローズ
06年〜現在…東京ヤクルトスワローズ

国鉄スワローズが存在したのは50年の2リーグ分立時から64年までの15年間。大エース・金田正一が所属していたのが同じく50年から64年まで。カネやんは国鉄誕生から、その終焉《しゅうえん》を見届けるかのようにスワローズを去っていったのだ。

国鉄スワローズに最も愛着を持ち、最も愛した男、それがカネやんなのだ。

だからこそ、巨人移籍時を振り返るときに、「オレが退団したんじゃない。《国鉄スワローズ》という球団が消滅したのだ」と、今でも本気で怒るのだ。カネやんの「スワローズ愛」は本気なのである。

悲惨すぎる、その後の背番号《34》

巨人移籍後、カネやんは国鉄時代と同じ背番号《34》を背負った。現役最晩年ではあったものの、巨人では5年間プレーして通算400勝を置き土産に69年限りで現役を引退。彼の背負った背番号《34》はすぐに永久欠番となった。改めて、「400勝」の内訳をまとめてみよう。

国鉄スワローズ時代……353勝267敗
読売ジャイアンツ時代……47勝31敗

国鉄時代と巨人時代の成績を比較してみると、彼のキャリアのハイライトは一目瞭然だ。400勝のほとんどを国鉄スワローズで達成しているにもかかわらず、背番号《34》は巨人では永久欠番となり、一方のスワローズでは背番号《34》は、「その他大勢」の一つとして、実にぞんざいな扱いを受けている。64年限りでカネやんが国鉄を去った後、スワローズの背番号《34》は次のような変遷をたどる。

65年……該当者ナシ
66〜67年……東条文博（打者）
68〜70年……福富邦夫（打者）
71〜76年……三橋豊夫（プロ通算・1試合0勝0敗）
77〜82年……黒坂幸夫（プロ通算・50試合0勝1敗）
83年……該当者ナシ
84〜93年……高野光（プロ通算・182試合51勝55敗13セーブ）
94年……ジェラルド・クラーク（打者）
95〜99年……北川哲也（プロ通算・36試合4勝5敗1セーブ）
00年……該当者ナシ
01〜02年……アラン・ニューマン（日本通算・73試合5勝8敗）
03〜04年……ジェイソン・ベバリン（日本通算・49試合17勝19敗）
05〜06年……リック・ガトームソン（日本通算・81試合27勝29敗）
07年……ブライアン・シコースキー（日本通算・438試合37勝34敗58セーブ）
08年……ダニエル・リオス（日本通算・11試合2勝7敗）

09～10年……八木亮祐（プロ通算・56試合11勝22敗）※16年終了時
11～15年……トニー・バーネット（日本通算・260試合11勝19敗97セーブ）
16年………カイル・デイビーズ（日本通算・15試合4勝5敗）
17年…………ロス・オーレンドルフ

……そりゃあ、カネやんじゃなくても怒るよ！

日本で一番勝ち星を重ねた自分の背番号《34》が、永久欠番になるどころか、いきなり打者の番号となったり、海のものとも山のものともわからない外国人投手の番号になったりしたら、誰だって腹が立つ。08年のダニエル・リオスにいたっては禁止薬物使用によって、シーズン途中で自由契約となっている。

……もはや、カネやんに同情したくなる。高野とバーネットぐらいしかきちんと成績を残し、ファンの記憶に残っている投手は皆無じゃないか！

一説によると、若松勉の現役引退時に「背番号《1》を永久欠番に」という機運が高まったことがあるという。しかし、この話が立ち消えとなり「準永久欠番」という裏技が誕生した背景には、カネやんの背番号《34》に配慮してのことという話もある。

カネやんがこの本の取材を受けてくれなかったのは、ウワサ通り「スワローズ関連の取材は受けない」と決めているからなのか、それとも、「長谷川などという聞いたこともないヤツの取材は受けたくない」ということなのか、あるいは、まったく別の理由があるのかは定かではないけれど、仕方がない。本人の取材ができないときは、周辺取材で外堀を埋めていくしかない。僕は、「国鉄戦士」を訪ね歩くことにした。

全国の国鉄職員の後押しを受けながら

80歳を過ぎた今でも、カネやんのことを「エース」と呼ぶ男がいる。

佐々木重徳――。

34年生まれ、明治大学を中退後、55年に国鉄スワローズに入団。二塁手のレギュラーとして活躍後、61年限りで現役を引退。カネやんとは入団時から退団時までチームメイトだった。33年生まれのカネやんと34年生まれの佐々木さんとは1歳しか違わない。引退してから半世紀以上が経過した。それでも、彼は敬意を込めて「エース」と呼び続けている。

その由来を尋ねると、佐々木さんは笑顔になった。

「僕は完全にケンカ野球タイプの選手でね。身体が小さかったので、技術よりも気持ちでプレーするタイプ。それで、日本テレビのアナウンサーだった越智《おち》正典さんが《チャーリー》と名づけてくれたんだよね。ヤンキースのビリー・マーチンがものすごく短気な性格で、彼が《チャーリー》と呼ばれていたのが由来みたい（笑）。最初はサードも、ショートもやって、レギュラーをもらったのはセカンドだったね……」

ある試合のこと。セカンドを守っていた佐々木さんがエラーをすると、マウンド上でカネやんはグラブを叩きつけて、烈火のごとく怒ったという。しかし、自らを「ケンカ野球タイプ」と称する佐々木さんも負けてはいなかった。

「……だから、僕もマウンドに行って、〝お前ひとりで野球をやっているんじゃないんだよ！〟ってグラブを叩きつけた（笑）。すると金田さんは〝試合が終わったら待ってろ！〟って言うんだね。僕はてっきり殴られると思っていたよ。でも試合後、〝ついて来い〟って言われて、そのまま食事をごちそうになって、ご自宅に泊めてくれたんです。それ以来、僕は尊敬の意味を込めて、金田さんを《エース》と呼ぶようになりました」

僕が持参した当時の資料を読みながら、佐々木さんはつぶやく。

「国鉄選手も、みんな亡くなっちゃったよね……」

そして、佐々木さんは当時の思い出を語り始めた。

「あの頃は今みたいに飛行機移動もなかったし、新幹線もまだできる前だったから、北海道へ行くにも、九州に行くにも、移動はすべて鉄道でしたね。夜行寝台で移動するんだけれど、金田さんだけは個室で、二等寝台には主力クラスが数名、僕らは三等寝台の三段ベッドでしたね。〝早く二等寝台に乗りたい〟というのが、最初の思い出ですね」

穏やかな口調で淡々と話してくれる。80歳を過ぎてはいても、耳も遠くなく、記憶も定かで、実に取材がしやすくありがたい。

「スワローズの由来となった《特急つばめ》にも、よく乗りましたよ。最後尾がデッキ付きの展望車になっていて、本来は一等車料金が必要なんだけど、同じ国鉄同士ということで、〝今日は他のお客さんが少ないから、どうぞご自由に〟って、スワローズ選手たちに開放してもらったりしましたね。試合が終わって東京に戻るときも、本来ならば営業時間外なのに、スワローズ選手たちのために、特別に食堂車を貸切営業してくれて、ステーキを焼いてくれたり、温かいカレーライスを食べさせてもらったり、国鉄の仲間として、みんなが応援してくれているのは感じていましたね」

――当時は全国の国鉄職員がチームを支えてくれたそうですね。

「当時の国鉄職員はみな、スワローズ後援会の会員で、少ない給料の中から毎月500円が天引きされていたそうです。全国の国鉄職員の応援があったから、僕たちは野球ができたという思いはずっと持っていましたね。何しろ《国鉄》ですから、日本全国に鉄道網があり、何万人という職員、そしてその家族がいましたからね。名古屋や大阪、広島に行っても、国鉄関係者は応援してくれましたから。僕らもキャンプなどの時間があるときはご当地の鉄道管理局にあいさつに行きましたからね」

ひょっとすると、テレビがまだ本格的に普及していない戦後すぐのこの時期、全球団の中でもっとも全国区だったのが国鉄スワローズだったのではないだろうか？

改めて、本題に入ろう。

――佐々木さんからご覧になって金田さんはどんな方でしたか？

「神様でしょう、あの人は。ユニフォームを着ているときは野球の神様。みんな、あの人のことをどうのこうの言うけど、ユニフォームを着たときと、スーツを着たときとは全然別人ですからね。スーツを着たときは後輩思いの紳士ですよ。でも、ユニフォームを着たときは先輩も後輩も、監督も選手もなく、自分が《天皇》でしたから」

カネやんが「金田天皇」と呼ばれていたというのは有名な話だが、こうして改めて聞くとやはりすごいニックネームだ。自分で名乗れば〝不敬罪〟かもしれないが、周りが勝手に呼ぶのならば、それには当たるまい。

――「金田天皇」とご本人も自らをそう呼んでいたんですか？

「呼んでいたと思うよ」

……あら（笑）。まぁいい、佐々木さんの話の続きを聞こう。

「他のピッチャーが投げていたときでも、〝ワシが行くぞ〟って勝手に出て行って、〝ピッチャー金田！〟って審判に告げていたからね（笑）。あの人にとっては、監督の存在はまったく関係なかったね。それでも、監督は何も文句を言わなかったからね、内心では（仕方ないな……）って思っていたと思うよ」

そして、佐々木さんは60年シーズンの「ある試合」を振り返ってくれた。

「60年は、金田さんの《10年連続20勝》がかかっていた年だったんだけど、シーズン19勝でしばらく勝てなかったんですよ。それで、記録のかかった場面で4年目の島谷（勇雄）が先発して好投していたら、リードしていた5回途中で金田さんが〝ワシが行く！〟って言って、勝手に登板して、そのまま勝利投手になってね（笑）。それで記録は継続したんだけど、島谷は結局プロでは1勝もできなかったので、かわいそうだよね。でも、そういうことが許されたのが金田さんでしたから」

カネやんらしい豪快なエピソードではある。しかし、いくら自他ともに認める「天皇」とはいえ、ここまでのわがままが許されるのだろうか？　それこそ、チームの和を乱してしまうのではないだろうか？

――そのとき、島谷投手はどんな反応なんですか？　怒ったりしないんですか？

「しない、しない。たぶん、〝しょうがないな〟って思ったんじゃないのかな？」

――そんなことをして、チーム内で浮いたりしないんですか、金田さんは？

「そんなことは全然、なかったですね。勝利への執念はものすごかったし、とにかく金田さんは誰よりも練習していましたから。練習は人一倍、いや人百倍やっていましたね。あの人の練習量は誰にもマネできないよ。そういう姿を見ていたし、さっきも言ったようにスーツ姿になれば後輩思いの紳士でしたから」

――「後輩思い」というのは、例えばどういうことなのですか？

「キャンプのときには毎日、《金田スープ》を作って、みんなに振舞ってくれたからね」

――「金田スープ」というのは、どんなスープなのですか？

「宿泊地の食事とは別に、金田さん自ら食材を自分の部屋に持ち込んで作る鍋料理のこと。野菜たっぷり、お肉たっぷりですごく美味しくてね。後輩選手を部屋に呼んで、みんなで鍋を囲みながらビールを飲んで。それは球団のお金じゃなくて、自分のお金でやっていたからね。稼いだお金を自分に投資していたから」

――金田さんの給料は他の選手とは比較にならないほどだと聞きました。

「そうそう、金田さんの月給は100万円。当時はサラリーマンの月給が1万円もなかった時代ですからね。当時は1万円札がまだない頃で、銀行振り込みではなく手渡しの時代でしょ。だから1000円札で1000枚。給料袋が立っているんだから（笑）」

――佐々木さんも、当時からかわいがってもらっていたのですね。

「そうだね、今でもつき合いがあるからね。金田さんとバッテリーを組んでいた根来（広光）が亡くなったとき、金田さんは九州に行っていて葬式に参加できないから、〝チャーリー、オレの弔辞を代読してくれよ〟って頼まれたのも僕ですからね。それで、僕が金田さんの弔辞を代読しましたから」

このとき、カネやんは根来さんへの弔辞でこんなことを述べている。


あぁ根来よ、それにしても国鉄は弱いチームだったよなぁ。本当に弱かった。でも、そんな中でも相手にサインを盗まれないように工夫していたよな？

今でこそ金田はノーサインで投げていたなんて言われているが、実はノーサインじゃぁなかったよな。本当はワシと根来にだけしかわからないサインがあったんだよな。

（中略）

根来よ、本当にありがとう。また一緒にバッテリーを組もうではないか。それまではどうか安らかに眠って下さい。また会おう。


バッテリー同士の信頼感が感じられる感動的な弔辞に胸が熱くなる。

思えば、根来さんの背番号は《27》。後の大矢明彦、古田敦也に連なる「スワローズ名捕手の系譜」の元祖と言える存在だろう。やはり、背番号というのは面白い。だからこそ余計にスワローズの背番号《34》の扱いが残念でならない。

カネやんと懇意の間柄である佐々木さんだからこそ、僕は聞きたかった。

――金田さんは国鉄にはものすごく愛着を持っているようですが、続くサンケイ、ヤクルト時代にはあまり思い入れがないように感じられるのですが……。

佐々木さんは大きくうなずいた。

「そうですね、僕もそう思いますね。国鉄と巨人には愛着があると思います。それはこの両チームで400勝を挙げたというプライドじゃないのかな？　それに、背番号《34》は巨人では永久欠番になっているけど、ヤクルトでは……」

やはり、そうなのか。先に触れたように、現在のヤクルトにおける背番号《34》の扱いはあまりにもぞんざいすぎる。

「……金田さんも国鉄が続いていればそのまま残ったんじゃないのかな？　でも、身売りしてしまったから、巨人に行ったのだと思いますね」

その後、巨人の別所毅彦、藤田元司《もとし》、中日の権藤《ごんどう》博、阪神の小山正明、広島の長谷川良平らとの対戦の思い出が語られ、そして、当時のチームの雰囲気に話題が及んだ。

「今から考えれば、プロとしては甘かったと思いますね。キャンプでは全体練習だけで個別練習をする選手は金田さん以外にはいなかったですからね。闘う集団ではなかったですね。当時の監督たちも優勝できるとは思っていなかったようだし、僕ら選手もそうだった。あの頃は、同じ東京のチームとして《打倒巨人》という思いだけでした。他のチームに対する意識が50だとしたら、巨人には100以上の力が出ていましたからね。だから、巨人に対しては互角以上の戦いをしていたけれど、他のチームにはあまり勝てなかったね」

全国の国鉄職員の後押しを受け、東京では巨人への対抗心に燃え、それでも年間を通してはずっと下位に低迷しながら、その中で金田正一だけが孤軍奮闘していた。

自分が生まれる前に誕生し、そして消滅していった幻の国鉄スワローズのイメージが、少しずつ像を結び始めているのを僕は感じていた。

国鉄OB対談――カネやんは後輩思いの大先輩

続いて会いに行ったのが55年に球団初のホームラン王を獲得した町田行彦さんと、公私にわたってカネやんにかわいがられたという土居章助さんだ。

町田行彦――。

34年生まれ、長野北高校から52年に国鉄スワローズ入団。持ち前の強肩を活かして外野手のレギュラーとなった後に55年に球団初となるホームラン王となった。4打席連続三振で有名な長嶋茂雄のデビュー戦では決勝ホームランを放っている。64年に国鉄を自由契約となった後は、カネやんの口添えもあって巨人に移籍。現役引退後は巨人、そしてヤクルト、台湾球界でコーチを務めている。

土居章助――。

37年生まれ、高知の城東高校を卒業後、56年に国鉄スワローズ入団。その後、巨人、大毎オリオンズを経て63年に現役を引退。引退後はカネやんに乞われてロッテのコーチを務めた。さらに、韓国のロッテジャイアンツ、台湾の兄弟エレファンツの指導者を歴任。日本の野球をアジア各国に広める役割を果たしている。

町田さんと土居さんのおふたりに同席してもらって、国鉄スワローズのこと、カネやんのことを聞いた。まずはそれぞれの「国鉄入り」について話を聞くと、両者とも、ほぼ同じ経緯だったことに驚いた。

町田　僕は立教大学のセレクションだと思って行ったら、そこにはなぜか僕ひとりだけ。そして、次から次へといろいろな練習をさせられてものすごいスパルタだったんです。さらに、僕の目の前で監督が選手をバンバン殴っているのを見て、「ここだけはやめよう」

と思ってね（笑）。そうしたら、長野の鉄道管理局の人がそれを聞きつけて「国鉄スワローズに入りなさいよ」ととんとん拍子で決まったの。

土居　僕も町田さんと同じで、本当は早稲田に入りたかったんだけど、四国の香川・高松の鉄道管理局の人がやってきて、「国鉄に入りなさい」と言われて入ることになった。3月3日の卒業式が終わって岡山でオープン戦をやっているときにチームと合流しました。

町田　初めて土居がきたときのことは覚えていますよ。同じくルーキーで、同じく城東高校の西岡（清吉）と一緒にやってきたんだよな。

佐々木重徳さんの話にあったように、全国の鉄道管理局が一丸となってチームを支えていたということだったが、ドラフト会議誕生前夜には各地域の有望選手に声をかけるスカウトのようなことまでしていたのか。確かに全国に存在する鉄道網は、同時にアマチュア選手の情報網でもあったのかもしれない。

――全国の国鉄職員がチームを応援していてくれたようですね。

町田　あの当時、「もうイヤ」っていうぐらい牛肉を食べましたからね。鹿児島キャンプのときは毎晩、すき焼きだったですね。肉は全国の鉄道管理局の人たちが電話一本で陣中見舞いに届けてくれていましたよ。

土居　スワローズの選手章を見せたら、どこへでも切符なしに電車に乗れたことは嬉しかったですね。

町田　僕も長野に帰郷するときにパッと見せたら、それでＯＫだった。それぐらい鉄道管理局は力を持っていたんだよね。

当時、国鉄職員は43万人、さらにその家族を含めると１００万人の大所帯だったという。彼らのすべてとは言わなくても、かなりの人数が国鉄ファンだった可能性は高い。

――入団前には国鉄スワローズに対して、どんな印象を持っていましたか？

町田　僕が入ったときは若い選手があんまりいなかったんです。年齢は僕よりも上だけど、新人王を獲った佐藤孝夫さんとは同期入団なんです。彼は仙台鉄道管理局から入ったんですけど、僕とか佐藤さんとか、若い選手が切磋琢磨していましたね。佐藤さんは1年目からレギュラーだったので、僕にとっては追いつけ、追い越せという、そんな存在でした。

土居　私は高知の山奥で育ったし、元々は陸上をやっていたので、スワローズのことは何も知らなかったです。知っていたのはメンコで見た巨人の選手ぐらい。

町田　お前のことは、「高知からキャッチャーで足が速くて、肩の強いのが入団してくる」っていうのは事前に聞いていたよ。

この辺りで、カネやんについて質問をしよう。

――おふたりからご覧になって、金田さんはどんな方でしたか？

町田　僕にはこれまで3人の恩師がいます。一人は高校の監督、もうひとりが国鉄時代の金田さん、そして最後が巨人時代の川上（哲治）さん。金田さんにはいつも食事に連れて行ってもらったけど、まずはプロとしての体調管理を教わりましたね。金田さんは寝るときも「身体を冷やしたらダメだ」ということで、裾の長いパジャマを特注で作っていましたよ。それだけじゃなくて、「足は冷やすな」って言って、そのパジャマを僕の分まで作ってくれていましたからね。僕は暑がりなので、夏場は扇風機の下で涼んでいたら、「バカたれが！」って、すごく怒られましたから（笑）。

その話を聞きながら、土居さんも「そうそう」と笑顔でうなずいている。町田さんの話は、さらに続く。

町田　食事に行くと、「もっと食べろ、もっと食べろ」とか、「もっと太れ！」って言われましたね。僕が「もう、これ以上食べられません」と言うと、「じゃあ、これを飲んでおけ」って、胃薬を渡されました。年齢はひとつしか違わないけど、僕にとっては今でも雲の上の存在ですね。合宿所は5〜6人で一部屋だったのに、金田さんだけは個室でした。その部屋に、当時としては珍しいステレオセットを用意して、美空ひばりのレコードをガンガンかけてね。それがとても羨《うらや》ましくて、僕、最初の給料で買ったのがステレオセットでした（笑）。

土居　僕も金田さんからは「身体を冷やすな」って言われたことをよく覚えていますね。入団してすぐに、金田さんが靴下をはいて寝ているのを見てすごく驚きました。僕は田舎育ちだから、いつも裸で寝ていたので、靴下をはいたり、パジャマを着たりしたら、寝つけない（笑）。それに、金田さんはどこに行くにも遠征先に自分の枕を持参していました。それはすごいプロ意識でしたね。

――自他ともに認める「金田天皇」という存在は、チームの中で浮いたり、煙たがられたりしないのですか？

町田　しない、しない。あれだけの成績を残していたら周りは何も言えないよ。だって、浜崎監督だって何も言えなかったし、すっかり舐《な》められていて、監督がマウンドに上がろうとしても、金田さんは「来るな、来るな、あっち行け」って追い払っていたからね（笑）。そうそう、金田さんと言えば、朝の食事が印象的だよね。

土居　朝の食事は本当に豪華でしたから。

町田　慶應義塾大学から巽《たつみ》（一《はじむ》）という投手が入団したんだけど、キャンプのときに彼が金田さんと同部屋になって、朝から豪華な鍋料理に驚いていたことがあってね。僕らも一緒に鍋を囲んだのだけれど、これから練習が始まるのに、金田さんは朝から「もっと食べろ、もっと食べろ」って言って、どんどんビールを勧めるんです。で、僕らは満腹のままグラウンドに行く。でも、金田さんはそのままもう一度寝るんですよ(笑)。で、お昼頃にグラウンドに出てきて、マウンドに行ってひとりでピッチング練習を始める。その後はひとりでノックを受ける。それで外野のフェンスを走って、ひとりで上がっちゃうの。

土居 練習は完全にマイペースで、自分の考えでやっていましたからね。でも、朝だけじゃなくて夜も鍋だったよね。朝鮮ニンジンをガーゼでくるんで鍋の中に入れて、それでエキスを取っていたんだよね。

町田 「今日は結構です」なんて言うと、金田さんにすごく怒られたな(笑)。

土居 私は、国鉄入団以来ずっと金田さんのカバン持ちでしたから。

町田 そうそう、お前はずいぶん金田さんにかわいがられていたよな。

土居 スーツから、コートから、時計まで、何でも買ってもらいましたね。銀座の有名なお店に行って、「何か欲しいものをとれ」って言われてね。全部、イングランド製。僕にはよくわからなかったけど、かなりの一流品だったと思います。

町田 オレも金田さんからはいろいろなものをもらったけど、服はあんまり着れなかったからね、金田さんは大きいから(笑)。

話には聞いていたけれど、カネやんの後輩に対する気遣いはすごい。おふたりの話を聞きながら、僕は昔取材で聞いたあるエピソードを思い出していた――。

「打倒巨人」に、誰もが燃えていた

僕は以前、54〜56年の3年間だけ存在した幻の球団・高橋ユニオンズについての取材を続けていた。その際に一度も一軍経験がないまま引退していった選手たちに話を聞いた。

彼らは多摩川のグラウンドで汗を流しながら一軍での活躍を夢見ていたものの、一度も実現することなくプロの世界から離れていった。それは60年近く前の出来事であるにもかかわらず、彼らの口からしばしばカネやんの話題が出てきたのだ。

「僕らがグラウンドで泥だらけになって練習を終えて、クタクタになっているとね、そこに隣のグラウンドで練習していた金田さんがやってくるんですよ。その手には冷えた大きなスイカを持っていて、〝疲れただろ、これをみんなで食べろ〟って。スイカだけじゃなくてジュースをもらったこともありましたね。そのときに、〝頑張れよ、負けるなよ、一軍はいいところだぞ〟って激励もしてくれたんです」

世間に流布している「傲慢《ごうまん》でわがままな男」というイメージを覆す話に僕は感動したし、とてもいいエピソードだったけれど、紙幅の都合でこの話は単行本『最弱球団　高橋ユニオンズ青春記』（彩図社文庫）には書けなかった。今ここで書かなくて、どこで書く、オレ！「絶対にいつか書きたい」と思っていたけれど、ようやく書けた。

さて、話を戻そう。

――ホームラン王に輝いた町田さんから見て、「投手・金田正一」とは、どんなピッチャーだったのですか？

町田　ホップするボールでしたね。ズドーンと来る重い球というよりはキュッと浮かんでくるようなボール。あのボールはやっぱり打てないよね。僕の調子が悪いときには金田さんがアドバイスをくれるんですよ。〝お前、脇が空いているぞ〟とか、〝ここがこうなってるぞ〟って。それだけじゃなくて、わざわざマウンドに上がって投げてくれるんです。僕は〝いや、結構です〟って言うのに、〝いや、いいから打て〟って言って、軽く投げてくれるんだけど、そのボールがすごく速くて、余計に自信をなくしちゃう（笑）」

土居　金田さんはバッティングもすごかったですからね。私もいろいろアドバイスをもらいましたよ。あの大きな身体でバットを短く持ってグリップを余らせてね。だから、余計にバットが短く見えるんですよ。

――チームとしては61年、砂押邦信監督時代にAクラスとなっただけで、あとはずっとBクラスでした。チームのムードはどうだったのですか？

町田　宇野（光雄）さんが56年に監督になったときに、〝巨人にだけは絶対に負けるな〟

って言われて、巨人戦のときはみんなの意気込みも違っていましたね。他の弱小チーム相手のときには、負けてもそんなに悔しくなかったのにね(笑)。巨人戦だけは、〝みんな好き勝手に打つのではなくて、こうやって打て〟って指示もありましたし、宇野さんが巨人に勝つ喜びを教えてくれましたね。

――宇野監督は、古巣・巨人に対して対抗心が強かったのですか?

町田　そうでしょうね。宇野さんが監督になるまではそんなこともなかったのに、それ以降は「打倒巨人」の意識は強くなったと思います。

――土居さんにとって、宇野さんはどんな方でしたか?

土居　僕は、まるで本当の息子のようにかわいがってもらいましたね。

町田　そうだね、そんな感じだよな。親近感はすごくあったよね。

土居　「監督」という感じはあまりしなかったですね。

56年から60年まで国鉄スワローズ監督だった宇野光雄は、母校・慶應義塾大学の監督を務めた後に巨人に入団。肩の故障のために、一時は巨人二軍監督を任されたものの、肩の故障が癒えるとともに現役復帰。青田昇、川上哲治とともにクリーンアップの一角を担った。そして54年に国鉄に移籍。巨人戦になるとめっぽう燃えたと言われている。56年には選手兼任監督となり、この年限りで現役を引退。57年からは専任監督となった。

町田　巨人に対しては互角に戦っていたので、この頃は少しずつスワローズ人気も高まっていたような気がしますね。

町田さんは65年に、土居さんは61年に巨人に移籍している。おふたりが考える「スワローズとジャイアンツの違い」とは何だろうか？

町田　巨人の方が勝ち負けにこだわっていますよね。だから、負けたら誰も口を利かない。でも、国鉄の場合はみんなケロッとしていましたね（笑）。

土居　それはありましたね。私が巨人に移籍して試合に負けたら別所さんがすごく怒って、全員正座させられたこともあった（笑）。

――町田さんが巨人に移籍されたのが、金田さんと同じタイミングでした。このときは国鉄からサンケイへの経営譲渡の時期と重なっていますね。

町田　そうですね。僕はサンケイになるときにクビになったんです。このとき、金田さんは「B級10年選手制度」で巨人に行くことが決まっていて、僕がクビになったことを知って、「マチ、オレは巨人に入るからお前も来い」って、巨人のテストを受けることになったんです。そして、自費で巨人の宮崎キャンプに参加してテストに合格しました。

――今度は敵として新生・サンケイスワローズと対するわけですが、国鉄からサンケイに代わって、チームカラーに変化は見られましたか？

町田　昔の国鉄時代はファミリー的な球団だったけど、サンケイになってからはそういう感じではなく、「勝たなければいけない」と勝負を重視するようになった気がしましたね。

　プロ球団としては、それが本来のあるべき姿なのだろう。しかし、佐々木重徳さんの話にあったように、従来の選手たちはとまどったはずだ。

　改めておふたりに尋ねたいことがあった。

――国鉄スワローズと現在の東京ヤクルトスワローズは、おふたりの中ではひと続きの同じチームですか？　歴史は継続されていますか？

町田　オレはつながっていると思います。心のふるさとだよ、オレの。

土居　もちろんつながっています。

町田　僕は巨人のコーチもしました。現在の巨人のコーチ陣の中には僕の教え子もいます。それでも、テレビを見ていてどうしても、ヤクルトの方を応援してしまうというか、力が入ってしまうことの方が多いよね。

――それは、現役時代に今と同じロゴマークの「スワローズ」のユニフォームを着てプレーをしていたからでしょうか？

町田　そうだと思うね。もしも、巨人でずっと現役を続けていて、後からヤクルトのコーチになっていたら、逆の感想だったかもしれないけれど。

土居　昔とマークが変わっていないというのがいいよね。当時はサインを求められても誰も「国鉄」とは書かずに「Ｓｗａｌｌｏｗｓ」って書いていたよね。僕は今でも、目をつぶっても書けるよ（笑）。

途中、８年間の「アトムズ」時代はあったものの、国鉄、サンケイ、そしてヤクルトと経営母体が代わっても、「スワローズ」という名前は現在まで伝承されてきた。

サンケイ時代は水野社長の意向もあって、「勝利優先主義」だった。それは先にも述べたようにプロ球団としては当然のあり方だった。しかし、国鉄時代、そして現在のヤクルト時代は町田さんの言うように、間違いなく「ファミリー的な球団」であることは事実だ。

スワローズの持つ、こうした「ファミリー体質」は、選手にとってはもちろん、一介のファンにしか過ぎない僕にとってもとても心地よい。僕がヤクルトを好きなのは、こうした何とも言えない温かみを感じるからなのだ。

しかし、プロフェッショナル集団としては、このファミリー体質はときには弊害も生み出すことだろう。僕の中には新たな「スワローズの系譜」が芽生え始めていた。

そう、「負けグセの系譜」である――。

第六章

負けグセの系譜

アンチ『一勝二敗の勝者論』

「常勝球団ではないこと」が魅力ではあるけれど……

どうして、ヤクルトに惹かれるのか？

そんなことをずっと考えているうちに、ふと「常勝球団ではないから」という理由が思い浮かんだ。国鉄スワローズ結成から、１９７８（昭和53）年の初優勝まで実に29年。そこから80年代の低迷期を経て、次に優勝するのが、元号も変わった92（平成４）年、14年ぶりとなる野村克也監督時代のことだった。

その後、ノムさんが長期政権を担った90年代は黄金時代を迎えたものの、01年に若松監督が胴上げされて以来、またしばらくの間、優勝からは遠ざかる。

次に優勝したのが、再び14年ぶりとなる15年、真中満監督時代だった。チーム創設から初優勝までに29年。次の優勝までに14年。そして、21世紀最初の日本一から次の優勝までには、さらに14年の月日を要した。

――基本、負け続けなのだ。

1950年のチーム結成から2016年シーズン終了時点でのチーム通算成績は4060勝4606敗298分。通算勝率は・468だ。90年代に黄金時代を築いたから、大洋・横浜の3855勝4827敗283分、勝率・444よりは勝ち星も多いし、勝率も高い。けれども、ヤクルトもまた長い間弱小チームであったことには変わらない。

だからこそ、ヤクルトファンは「敗戦」に対して、比較的寛容であるような気がするのだ。もちろん勝てば嬉しい、負ければ悔しい。アホみたいな大差で負けたり、選手の無気力なプレーを見たりすれば、腹も立つし、野次のひとつも飛ばしたくもなる。

けれども、ひとつの「敗戦」で血管がブチ切れるほど怒ったり、落ち込んだりしていては自分の身がもたない。そこで、ヤクルトファンは己の身を守るためにも次第に勝敗に対しての寛容性を身につけていったのではないだろうか？

読者の中には「いや、そんなことはない。オレは負けたら悔しすぎて、血管はブチブチ切れているし、夜も寝られない」とお怒りの方もいるかもしれない。けれども、僕の血管は無事だし、夜も眠れる。悔しさを紛らわす術《すべ》をいつの間にか身につけていた。

そして、「基本、負け」だからこそ、たまの勝利が格別な喜びをもたらしてくれる。一つの勝利の重みが巨人よりは格段に大きいのもまた、ヤクルトの魅力であり、僕がヤクルトに惹かれる理由なのかもしれない。

その一方で、ふと、こんなことも考える。

（もしも、選手たちも同様の思いを抱いていたとしたら……）

長いペナントレース。毎日、毎日、目の前の試合に全精力を傾け続けていたら途中でパンクしてしまうかもしれない。だからこそ、力を抜いたり、敗戦やミスを引きずらずにパッと切り替えたりすることも大切なのは理解している。

しかし、それが常態化してしまったとしたら、それは大問題だ。その状態こそ、いわゆる「負けグセ」というヤツだろう。負けグセはすぐに澱《よど》んだ空気を醸成し、ヤル気のある選手たちの意気込みや情熱をも簡単に呑みこんでしまう。

認めたくないことだが、この球団にはかつて「負けグセの系譜」もあったのではないだろうか？　いや、ひょっとしたら今でもあるのではないだろうか？

僕が、こう考えるようになったのは第三章で登場した渋井敬一、角富士夫が、ともにこんなことを言っていたからだ。まずは渋井とのやり取りを紹介しよう。

――どうして80年代のヤクルトはあんなに弱かったのでしょう？

「やっぱり、負けグセだよね」

彼の答えはシンプルなものだった。

――負けグセですか？

僕もシンプルに聞き返すしかなかった。

「うん、負けグセ。だって、あの頃って、勝てる雰囲気がなかったから。先に点を取られると、〝これは逆転できないな〟って思ったし、リードしてても、〝いつかやられるな〟って思ってたし。1点差までは追いつくけど、それをひっくり返す力はない。〝今日もダメだろうな〟って雰囲気が漂うんだよね」

80年代のヤクルトは80～83年までは武上四郎監督で、84年は武上で始まり、シーズン途中にヘッドコーチの中西太、さらに投手コーチの土橋正幸が次々と代行監督を務めるという体たらくだった。そして、続く85年と86年は土橋が監督を務め、87～89年までを関根潤三が指揮を執っていた。

――でも、武上監督時代は渋井さんもまだプロ3、4年目という若手でしたよね。「負けグセ」は若手にも蔓延していたのですか？

「……うーん、負けグセはあったね。周りがそうだと、そうなっちゃうよね」

うすうす気づいていたけど、やはり、あの時代のヤクルトはチーム全体を負けグセが支配していたのか……。情けないほどの大差で敗れ、とぼとぼと千駄ケ谷駅に向かった、あの頃のことが脳裏に鮮やかに浮かんでくる。

続いて、角とのやり取り。

――80年代は、どうして勝てなかったのでしょうか？

「《選手の能力》と言ったらそれまでですけど、弱いときというのは先に点を取られるとムードが悪くなるし、リードしていても勝っている気がしないで、〝また負けるんじゃないか〟っていうのもあるし。要するに負けグセですよね。〝また今日も負けた。でも、別にいいや〟みたいな。そういう気持ちが多少はあったのかもしれないですね。（松園尚巳）オーナーが、〝ヤクルトが売れなくなるから巨人に勝たなくてもいいぞ〟と言ったって話もありましたよね。僕は直接、聞いたことはないけど」

やはり「負けグセ」だ。では、それが変わるきっかけとなったのは何だろう？　僕は半ば答えを確信しつつ、質問を続ける。

――その「負けグセ」が一時期は払拭されるきっかけは何だったのですか？

「やっぱり、野村さんでしょうね」

やはり「ＩＤ野球」だ。70年代後半に広岡達朗によってもたらされた「管理野球」は78

年の1年間だけ一瞬の狂い咲きで開花したものの、その反動は80年代に訪れ、再び「負けグセ」「ぬるま湯体質」が蔓延。以後10年間、宿便のようにチームにこびりつき、なかなか払拭することはできなかった。

しかし、90年代の訪れとともに野村克也が就任。「1年目に種を蒔《ま》き、2年目に水をやり、3年目に花を咲かす」と宣言した通り、就任3年目の92年に14年ぶりのリーグ制覇、翌93年には15年ぶりの日本一となることで、野村の掲げた「ＩＤ野球」はついに結実する。

いわばノムさんは、しつこい宿便を取り払う腸内洗浄、超デトックスを断行し、見事に成功したのだった。僕はただ外部から戦いぶりを見てきた一ファンにしかすぎないけれど、大方のファンの見立て通り、ヤクルトの70年代から90年代とはそういう流れだったのだ。

そんなことを考えているうちに、自分の目で、耳で、実際に「負けグセの正体」を確かめてみたくなった。そこで、まず頭に浮かんだのは広沢克己だった。

彼は、渋井、角が言う「負けグセが蔓延していた」80年代半ばにゴールデンルーキーとして入団し、90年代の黄金時代には中心選手として活躍。

さらにその後は巨人、阪神と名門球団を渡り歩いた。80年代と90年代のヤクルトの比較ができ、さらにヤクルトと巨人、阪神との対比もできる。

そんな彼に「負けグセの系譜」について尋ねることにした――。

「野球って、こんなに負けるものなんだな……」

広沢はまず、入団直後の率直な感想を口にした。

「私もね、（小山）高校、（明治）大学とそれなりに強い学校で野球をしてきました。練習試合、公式戦を問わず、アマチュアの頃はやっぱり勝つことが多いわけです。ところが、ヤクルトに入って最初に感じたのは、〝野球って、こんなに負けるものなんだな……〟ということでした。あの当時、１３０試合あって、勝つのはせいぜい40回。つまり、80試合近くは負けているわけです」

広沢がヤクルトに入団したのは土橋正幸監督時代の85年のことだった。この年、そして翌86年ともにチームは最下位に沈んでいる。

85年……１３０試合46勝74敗10分　勝率・３８３
86年……１３０試合49勝77敗４分　勝率・３８９

ともに勝率3割台という体たらく……。広沢が、「野球って、こんなに負けるものなんだな……」と嘆きたくなるのもよくわかる。

「これだけ負けるとね、いわゆる《負けパターン》というものができてくるんです。たとえば、①相手に先行されたら負ける、②こちらが先行しても、同点に追いつかれたら負ける、③同点のまま試合終盤になったら負ける……。そのパターンにハマると、自然にチーム内に〝あぁ、今日も負けなんだろうな〟という雰囲気が出てくるんです」

実にわかりやすい分析だ。広沢の話は続く。

「……逆に勝ちパターンは一つしかないんです。先制して、中押ししてドーンと大差をつけた段階で初めて、〝今日は勝てそうだ〟という雰囲気になるんです」

負けパターンはいくつもあって、勝ちパターンは一つしかない。なるほど、確かに負けが多いのもうなずける。

「巨人のような強いチームはその逆で、先行されていても、〝すぐに追いつけるだろう〟と考えられるし、同点のまま終盤戦になっても、〝これは勝ちパターンだ〟と思えるんです。なぜなら、それだけの成功体験があるから。でも、あの頃のヤクルトには、そんな成功体験なんかないから、〝今日も負けだ〟と、いつも悪い方に考えてしまう。それはやっぱり、人間なので仕方のないことだと思いますけどね……」

そして、広沢は興味深い自説を披露してくれた。

「私が入団したときは土橋（正幸）監督の時代でした。当時のチームはとっても暗かった。しかも、弱い時代をずっと経験していたから、〝負けているのにヘラヘラするな〟とか、〝弱いチームが明るくするな〟という雰囲気もありましたね。たぶん、これって広岡さんの影響だったんじゃないのかなって、私は思っているんです……」

広岡達朗が監督を務めたのは76年のシーズン途中から、79年のシーズン途中までのことだった。その後、武上四郎、中西太監督代行を経て、土橋監督へと連なっていく。広沢が入団したときには、すでに広岡監督が退陣してから6年も経っていたのだが……。

「……あの頃のヤクルトは、勝っていても、〝試合終了まで気を緩めるな〟と、笑うことが許されない雰囲気が確かにありました。《喜怒哀楽》で言えば、《喜》も《楽》もない感じで。これは広岡さん時代の考えだったのかもしれないですね。要するに《広岡監督の亡霊》をずーっと引きずっていたんです」

広岡監督の亡霊――。

広沢流の巧みな言語感覚に、自然と僕は魅せられていた。

「広岡監督時代に優勝してから、もう10年が経つというのに、ずっと〝あのときはこうだった、あのときはこういう練習をした〟と言い続けているんです。でも、時代は変わっているし、そもそも私らは広岡監督のことを知らないんです。優勝経験者の若松さん、杉浦さん、八重樫さんは、やっぱり広岡監督の影響を強く受けていた。僕らにはそれが、とても違和感があった。でも、それを変えてくれたのが関根さんだったんです」

――関根さんが監督になって、どんな変化があったのですか？

「明るくなりました。関根さんに、試合中に言われたことがあります。〝いつもニコニコしていろ〟って（笑）」

――それは、どんな意味で言ったんですかね？

「関根さんには、〝お前がしかめっ面でベンチに座っていたら、みんなもそうなってしまう〟って言われました。池山や内藤（尚行）にも、そう言っていましたね。関根さんが監督になって、一瞬にしてチームの雰囲気が変わりました。土橋さんの時代にダメなことが、関根さんの時代にはＯＫになったりしましたからね」

――具体的にはどんなことがＯＫになったのですか？

「三振」

池山、広沢、パリッシュが三振ばかりを喫していたのに、それをとがめる様子もなくニコニコ笑っていた関根監督の姿を、僕は思い出す。

「関根さんは、三振も凡打も一緒だと考えていた監督でした。関根さんはそれまでのヤクルトの継承をやめた。新しいヤクルトを作ろうとしていました」

――それが、その後の野村監督時代に花開いた？

「間違いなくそうでしょう。もしも、土橋さんの後に、そのまま野村監督がやってきたらどうなったと思います？　おそらく、阪神時代のように失敗していたと思いますよ」

ノムさんはヤクルトの監督を退任した直後の99〜01年まで阪神の監督を務めた。しかし、ヤクルト時代のような黄金時代を築くどころか、3年連続最下位という屈辱を味わった。

「いっつも、ネガティブな雰囲気で負けているチームに、あのネガティブなおっさんがやってきて、どうやって明るいチームになれると思いますか？」

なるほど、関根監督の功績は僕が思っていたよりも、ずっと大きかったのか。

「土橋→野村」ではなく、「土橋→関根→野村」となることで、90年代の黄金時代が誕生する土壌が築かれたのか。

新たな「ヤクルト史観」が、僕の中に芽生えつつあるような気がしていた。

宮本慎也――00年代の低迷期を知る男

少年時代から若松勉ファンとして生きてきて、彼の引退後も「若松さんが在籍したチームだから」「若松さんの教え子が活躍しているから」「背番号《1》が、脈々と受け継がれているから」という理由でヤクルトの応援を続けてきた。そんな僕にとって、若松さんとはまったく異なる意味で応援し、思い入れの強い選手がいる。

宮本慎也――。

70年11月5日生まれ、大阪府出身。ＰＬ学園高校、同志社大学、プリンスホテルという超エリートコースを歩み、94年ドラフト2位でヤクルト入り。入団後すぐに台頭し、不動のショートとして、また90年代後半以降のリーダーとしてヤクルトを引っ張った。

入団当初は、打撃面でまったく期待されておらず、当時の野村克也監督から「専守防衛の自衛隊」と揶揄《やゆ》されていたにもかかわらず、プロ18年目の12年5月4日に２０００安打を達成。大卒、社会人経由でプロ入りした選手で２０００本以上放ったのは、同じくヤクルトの古田敦也以来の快挙だった。

ちなみにこの日、小雨交じりの神宮球場で大声を上げながら、僕は何杯もビールを呑んだ。当日の『プロ野球ニュース』は永久保存版として今でも、ときおり見返している。

そんな彼のキャプテンシーはチーム内のみにとどまらず、04年のアテネオリンピック、08年の北京オリンピックでは日本代表チームのキャプテンを任され、プロ野球選手会の会長まで務めた。どうして彼に惹かれるかというと、「同い年だから」ということはもちろん、彼のリーダーシップ、キャプテンシーに敬意を抱いているからだ。

現役時代に何度か宮本にインタビューをした。その際にふと、「みんなをまとめるのは大変だ」というニュアンスの言葉を聞いた。少しでも気を緩めると、無気力なプレーをしたり、勝利への執着心を失ってしまう若手に対して、常に厳しく接している姿が、彼の発言からは感じられた。

ちょっと油断していたら、あっという間に蔓延してしまう「負けグセ」に対して、もっとも危機感を抱いていた男こそ、宮本慎也だと僕は考えている。

ここまでずっと、「ヤクルトの魅力」を探っている中で、僕はときおり垣間見える「ぬるま湯体質」と言うべき、チーム内の緩さを感じることがあった。

野村黄金時代を経て00年代に入ると、ヤクルトは再び迷走を始める。この頃には、宮本はすでに押しも押されもしないヤクルトの中心選手となっていた。

01年こそ日本一になったものの、それ以降は古田監督初年度の06年、高田繁監督時代の09年、小川淳司監督時代の11、12年にAクラス入りするのがやっとで、優勝までは手が届かなかった。宮本に質問をする。

——次第に90年代の黄金期の遺産がなくなっていくように、当時は感じていたのですが、ずっと優勝から遠ざかったのはどうしてだと思いますか?

「若松さんが監督を務めていた頃に、ドラフト会議で《自由獲得枠》が導入されましたよね。そこで、資金力の差によって、セ・リーグは完全に上位と下位にわかれました」

宮本の言う「上位」とは巨人、阪神、中日であり、「下位」とは、広島、横浜（DeNA）、そしてヤクルトのことだ。

「若松監督の頃にはまだ、強かった時代の選手たちが脂の乗っていた時期にあったけど、その選手たちが衰えてきたのに、新しい補強はない。いい新人選手は他球団に獲られてしまう。それはとても大きかったと思います」

宮本は明言しなかったけれど、有望な新人選手が他球団に入り、FA戦線にも自ら乗り出すこともなく、チームの基本方針が「現有戦力の底上げで、ペナントレースを乗り切ろう」となれば、選手たちのモチベーションも高まらないのだろう。

宮本の話は続く。

「たとえば、09年に相川（亮二）がFAで移籍してきたときには、チームのムードはよくなったし、その年には3位にもなりましたよね。だから、〝バカみたいに毎年、大補強をしろ〟とは言わないけれど、欠けた戦力、減った戦力を補う努力をすると、それだけでチームの雰囲気は明るくなるんです。でも、その反対に主力選手は出て行った、有望な新人は入ってこない、外国人はどうなるかわからないとなると、〝これは相当、自分たちが頑張らないと戦えないぞ〟という雰囲気になるんですよ。そうすると、やっぱりムードは重くなってきますよね……」

そして、宮本は「補強」と「整備」という話をする。

「もちろん、〝有望新人が入りました、外国人も獲りました、FAでも大物を獲得しました〟というのが理想的ですけど、そこまでの《補強》はしなくてもいいから、せめて戦力の《整備》は必要だと思います。球団批判のように聞こえるかもしれないけど、あの頃はあまり上積みされる部分がなかったので、やっぱり苦しい時代だったと思いますね」

チーム編成が選手たちに与える士気というのは実に大きいものなのだということが宮本の話を通じて、僕にも実感できた。

広沢の言っていた80年代ほどの「負けグセ」とは言わないまでも、00年代にも「停滞期」と呼べるムードの悪さがあったのは事実なのだろう。

チーム内のムードについては、こんな話も飛び出した。

「強いときというのは投手と野手との信頼関係がしっかりしているものなんです。でも、たとえば古田さんの2年目（07年）、そして小川さんの最後の年（14年）なんかは7回までリードをしていても、終盤でひっくり返される場面が結構ありました。そうなると、どうしても信頼関係が悪くなってくる。野手は〝一体、何点取れば勝てるんだよ〟と思うし、一方の投手は好投していても、点が取れないときには〝普段は打っているくせに、どうして今日は打たないんだよ〟という気持ちになるかもしれない。口には出さなくても、そういう雰囲気は伝わりますよね。それではチームとしてはいい状況にはならないですから」

宮本の言う07年、そして14年はともに最下位となっている。「負けグセ」のきっかけとは、実はそんな些細《ささい》なところから生まれるのかもしれない。

15年、ヤクルト本社は創立80周年を迎えた。

この年、スワローズとしては珍しいほどの積極補強に打って出た。当時、評論家としてヤクルトキャンプを取材した宮本は言う。

「15年にヤクルトは優勝しましたよね。この年のキャンプ、チームの雰囲気は相当よかったんです。というのも、FAで成瀬（善久）、大引（啓次）を獲得しました、そしてオンドルセクも獲った。この年は、セ・リーグの他球団も飛び抜けて強いチームがなかった。そうすると、〝ひょっとして、オレらも〟というムードになるんです。そういう雰囲気がとっても大切なんですよ」

チームに負けグセを生み出すもの――。

それは、フロント陣の編成にかける意気込みの欠如であり、投手と野手との信頼関係の喪失であるのだ。深く野球を、そしてチームを考え続ける宮本の言葉は重い。

関根潤三——1勝2敗は勝者なのか？

80年代、そして00年代の低迷期を振り返っているうちに、僕の頭にはどうしても会いたい人が浮かんできた。ヤクルトにつきまとう「負けグセ」を象徴するタイトルの本を出版した、かつての監督・関根潤三に、どうしても話を聞きたくなった。

ここに一冊の本がある。

タイトルは『一勝二敗の勝者論』（佼成出版社）。著書は関根潤三。奥付を見ると「1990年8月24日　初版第1刷発行」と書かれ、その帯には、こんな文言が大書されている。

負けて、勝つ——
いま語る、その采配の哲学
「一勝二敗」に耐えられる人が、真の勝者である

関根さんといえば、87年から89年までヤクルトの監督を務めた人物だ。その後を継いだのが、ノムさんこと野村克也。つまり関根監督とは「昭和から平成へ」、そして「弱小期から黄金期へ」の橋渡しとなった監督だった。

監督1年目の87年といえば、僕は高校2年生、17歳。渋井敬一の項で述べたように、すべてのことに毒づいていた中2病の真っ只中にあった頃だ。

しかしそんな僕でも、関根さんに対しては鬱屈した感情を抱いていなかった。

なぜなら、関根監督時代の3年間は4位、5位、4位とAクラスにはなれなかったけど、池山隆寛、広沢克己の「イケトラコンビ」が急成長し、87年には「赤鬼」ことボブ・ホーナーが「ホーナー旋風」を巻き起こした。88年には「ミラクル・デシンセイ」こと、ダグ・デシンセイが2試合連続サヨナラホームランを打ち、89年には「ワニ男」こと、ラリー・パリッシュがホームラン王を獲得。楽しい思い出がたくさんあるからだ。

ホーナーのホームランは神宮で何本も見た。デシンセイが東京ドーム第1号を放った瞬間はテレビの前で雄叫びを上げた。浪人時代の予備校帰りに見たパリッシュの豪快な一発は、暗くわびしい生活に彩りを与えてくれるような気がしたものだった。

だから、関根監督時代のヤクルトにはいい印象が多かったのだけれど、彼が監督を退任した翌90年に発売された『一勝二敗の勝者論』を手にして、その印象がガラッと変わった。

この本が発売されたとき、僕はようやく浪人生活から脱して大学1年生となっていた。

都内の大学までは千葉の実家から通っていたのに、「終電を気にせずに呑みたい」「もっと神宮に行きたい」という理由からひとり暮らしを始めたのが、この本が発売された8月の終わりのことだった。だから、当時のことは実によく覚えている。

まず、このタイトルに「？？？？？？？？？」となった。

そもそも、1勝2敗は勝者なのか？

結果がすべて、成績がすべてのプロ野球の世界において、「借金1」を積み重ねることが「勝者」と言えるのだろうか？　3連戦をすべて1勝2敗でシーズンを終えて、どうして貯金を得ることができようか？　どうして優勝することができようか？

関根監督時代ももちろん、何度も何度も神宮球場に通った。

勝つことは少なく、負けることの方がずっと多かった。それでも、「今度は勝てよ！」と声援を飛ばしながら、歓喜に沸くオレンジの集団に揉みくちゃにされながら、青い帽子をかぶったまま、黄色い総武線に乗って終点まで帰ったのだ。

大敗ではあっても、「池山の豪快な一発が見られた！」「尾花がクロマティをきりきり舞いにした！」「野球が7イニング制ならば、今日の試合は勝っていた」などと、敗戦の中にかすかな希望を見出《みいだ》していたのだ。

それなのに、当の指揮官は1勝2敗のクセに自らを「勝者」と規定していたのだ。初めから優勝を放棄した上で、「負けて、勝つ」という屁理屈をこねていたのだ。

——何じゃ、そりゃ？

怒りに震えたまま、僕はすぐに購入して読み始めた。「はじめに」を読んでぶっ飛んだ。以下、当時の僕（20歳）の感想を交えながら引用してみよう。

みなさんは、「一勝二敗」は負けの人生であると思うだろうか——。ふつうなら、そう思うだろう。しかし、私はけっして負けであるとは思っていない。負けるとは、その「一勝二敗」の逆境に耐えられず、逃げ出すことであるのだから……。

（いきなり、屁理屈かよ！）

「一勝二敗」でも勝者になる道がある。いや、「一勝二敗」だからこそ、勝者になれるのだ。

（大丈夫か、この人？）

野球も人生も同じである。「勝ちたい」「勝とう」という意識の連続では、三連敗という ことにもなる。とどのつまりは、「もうやめた」といったふてくされと、自暴自棄的な気分に陥ることにもなりかねない。

（はなっから3連勝を諦めている時点で、3連敗のリスクはずっと高まるのだ）

とにかく一つ勝つ、そうすれば二つ目も勝つチャンスが巡ってくる——そう考えて、明日を見つめて、一戦一戦に学びながら戦う。それが「勝者への道である」と信じている。

（最初から「1勝2敗でいい」と思っていたら、初戦を取った段階ですでに、残り2試合のモチベーションは下がっているだろ！）

……もうダメだ。買ったはいいけれど、続きを読む気力はすでに失《う》せてしまっていた。僕はすぐに読むのをやめて、この本を放り捨ててしまった。その後、何度かの引っ越しを経験しているうちに、いつしかこの本は僕の手元から消えてしまっていた。

当時20歳だった僕は、確信していた。

――1勝2敗は、決して勝者じゃない！

それ以来、関根さんに対しては、あまりいい感情を持つことなく長い年月が過ぎていった。

“問題の書籍”を持って、いざ対面のとき

関根さんに対する印象が変化したのは、大学を卒業して社会人となり、勤めていた出版社を退職してフリーランスの物書きになった頃だった。僕は三十路に突入していた。

野球専門誌の企画で、関根さんにインタビューすることになったのだ。「取材用の資料に」と、関根さんに関する雑誌記事や、彼の著作をすべて取り寄せた。そこにはもちろん、あの『一勝二敗の勝者論』もあった。

80年代後半から90年代前半にかけて日本中を席巻したバブルはとっくの昔に崩壊していた。時代は、後に「失われた20年」と喧伝されることになる不況下にあった。

経済的には安定していた出版社勤務から、「フリーランス」という、気楽ながら不安定な稼業に就いたものの、仕事があるときはただただ忙しく、仕事の依頼がなければただただ無為な日々が続くという浮き草稼業の厳しさを痛感していた頃だった。

そんな状態の中で、改めて『一勝二敗の勝者論』を手に取ってみると、自分でも意外な

ことに文章がスーッと沁《し》み込んでくるようにどんどん読み進めることができた。
　本文にはこんな一節がある。

負けて勝つ――。きょうは負けているが、明日は勝つ。きょうの負けを明日の勝利の糧とする。それが「一勝二敗の勝者」が成すことである。

一勝二敗で進む――といったら、みなさんは、負け惜しみと思われるだろうか。弱いものの寝言と思われるだろうか。そんなことで、勝者になれるはずがない、と言う人も多いかもしれない。しかし、よく考えてみれば、ビジネスマンの世界でもどんな世界でも、この人生、一勝二敗どころか、一勝四敗、一勝九敗……いや、負け続けの人生であることが多いのではないだろうか。

　僕はフリーになってすぐに出版した処女作が、テレビの連続ドラマになるという幸運に恵まれた。「幸先のいいスタートだ」と浮かれると同時に、「フリーランスって何てすばらしいんだろう！」と舞い上がっていた。しかし、その後出版した本はまったく話題になることもなく、セールスも芳しいものではなかった。
　だからこそ、関根さんの言う「この人生、一勝二敗どころか、一勝四敗、一勝九敗……

いや、負け続けの人生であることが多いのではないだろうか」という文言が胸に響いた。

（やばい、関根さんの言葉、胸に沁みる……）

この瞬間、ご本人に会うのが、とても楽しみとなった。

勝つと思うな、思えば負けよ――。美空ひばりの『柔《やわら》』を口ずさみながらインタビューに臨むと、テレビで見た通りの関根さんの好々爺《こうこうや》ぶりにすぐに魅了された。そして、楽しい時間を終えて自宅に向かう電車に乗ったときに気がついた。

（……あっ、関根さんに謝るべきだった。大学生の頃、「何と言い訳がましい本なんだ」と、ロクに読みもしないで罵倒したことを謝罪すべきだった……）

それから10年以上が経過した。前述したように広沢の話を聞いて、「関根監督時代というのは、実はヤクルトにとって大切な意味を持つ時代なのではないか？」と考えるようになっていた。機は熟したのだ。

関係者から教えてもらった番号に電話をかけると、テレビでおなじみの穏やかな口調が耳に心地よく響いた。ヤクルトに関する本を書こうと思っていること。ついては関根さんにも、ぜひご登場いただきたいと思っていること。以前にも一度、インタビューをさせてもらったことをご本人に伝える。

「僕なんかが、お役に立てるとは思わないけどね〜。そもそも、ヤクルト時代のことなんて忘れちゃったよ（笑）」

しかし、そのすぐ後に「もしも役に立てるのであれば、何でも聞いて下さい」と言ってくれた。さっそくアポイントを入れようとすると、関根さんは言う。

「お宅は、どちらにお住まい？　えっ、東京？　じゃあ、どこか場所を指定してよ。言われたところに行くからさ」

いやいや、このとき88歳だった人生の大先輩をお呼び立てするわけにはいかない。「ご自宅付近まで伺います」と告げると、「そう、悪いね。じゃあ、○日に××まで来てくれる？」と話はまとまり、ようやく取材日を迎えることとなった。

念のために、取材前日に「明日はよろしくお願いいたします」と電話をしたところ、まったく約束を覚えていなかったことに不安を覚えながら、約束の日にご自宅まで迎えに行った。もちろん、カバンの中には『一勝二敗の勝者論』を忍ばせながら……。

マンガのような現実に驚く

当日、ご自宅までお迎えに行くと、「えっ、そんな約束をしていたっけ？」と言われたことに面食らった。前日はもちろん、取材当日の朝にもお電話をしていたのに……。

　しかし、「そうだった、ヤクルトの話だったよね」と言いながら、近所の喫茶店まで案内してくれた。背もたれのある奥の席、いわゆる「上座」にご案内しようとすると、関根さんは頑なに、通路側の席を指して「いやいや、僕はここでいいから、あなたが奥に座りなさいよ」と譲らない。仕方ないので、言われるがままに奥に座って注文を済ませる。

　コーヒーが来るまでの間、「すっかり寒くなりましたね」とか、「今年は秋がないまま、一気に冬になりましたね」と、時候の話題で間をつないでいると関根さんが切り出した。

「どうして、ヤクルトの本を書こうと思っているの？」

　僕は、正直に答える。

――子どもの頃からの大のヤクルトファンでした。もちろん、関根監督時代にも何度も何度も神宮に通いました……。

　僕の話が終わらないうちに、関根さんが口を開いた。

「そう……。悪かったね、あの頃は弱くて……」

　その瞬間、本気で涙が出そうになった。生前の土橋正幸監督にインタビューした際にも、「あの頃は弱くてゴメンな」と謝られた。「暗黒の80年代」、辛いのは僕だけではなかったのだ。チームを率いていた土橋さんも、関根さんも辛かったのだ。

だから、あれから三十数年が経過したというのに、一介のファンに対して真っ先に謝罪の言葉が口を突いて出てくるのだろう。

コーヒーが来る前にすでに、この日のインタビューの目的は達したような気がした。

……いやいや、達していないよ。この日のミッションは関根さんが謝罪することではなく、僕が謝罪することなのだから。ウエイトレスが運んできたコーヒーをおいしそうに飲んでいる関根さんを見ながら、僕はカバンから「例のブツ」を取り出した。

――実は今日、関根さんが書かれた本をお持ちしました。まずはこの本について伺いたいのですが……。

すると、関根さんは僕の手元から本を受け取りながら言った。

「……何これ？　これ、僕が書いたの？」

マンガならば「ズコーッ」という擬音とともに、僕はひっくり返っていたことだろう。しかし、これは現実だ。僕は動揺を抑えながら続けた。

――間違いなく、ヤクルトの監督を辞められたすぐ後に関根さんが書かれた本ですが……。

「ふーん、そうだったかな。えっ、『一勝二敗の勝者論』？」

タイトルを見て、訝しがる関根さん。続く言葉を待った。

「……バカ言っちゃいけないよ。1勝2敗で勝者であるはずがあるかい。バカなこと言っちゃいけないよ」

　マンガでなく現実なのに、確かに「ズコーッ」と音がした。そして、間違いなく僕はひっくり返ってしまった。

——えっ、だってこれ関根さんのご本ですよ。

「うーん、そうなんだろうけどね。でも、このタイトルはないよ。ひとつ勝って、2回も負けたら勝者じゃないよ。そんなことねぇよ。ハハハハハ」

——ハハハハハ。

「ハハハハハ」

　しばらくの間、ふたりして笑うしかなかった。

「1勝2敗で威張ってるんじゃないよ。僕は、そんな気持ちなんか持っていないからね。〝負けて勝つ〟なんて、うまいこと言ってるんじゃないよ」

　本人が「そんな気持ちなんか持っていない」というのであれば、関根さんに対する謝罪も必要ないだろう。責めるべきは、そんなタイトルをつけた出版社だ。しかし、僕自身もまた出版の世界で生きている身としては、こういうタイトルをつけたくなる編集者の心情もよく理解できる。ならば、ここは喧嘩両成敗ということにしよう。何が「喧嘩」なのかはともかく、三方一両損とでもいうのか、みんなで丸く収めようではないか！

勝てなかった関根さんも悪い。こんなタイトルをつけた出版社も悪い。そして、ロクに本も読まずに、関根さんを罵倒した僕も悪い。それでいいではないか。

監督にとって、選手は宝

関根さんに改めてヤクルト時代を振り返ってもらおう。

――そもそも、どういう経緯でヤクルト監督の依頼が舞い込んだのですか？

「きっかけ？　わからない。突然、誘われたから〝はい、わかりました〟と受けただけ。勉強と言ったら失礼だけど、僕もまだ若かったから、〝いろいろ勉強になりそうだな〟と思って受けたの」

僕もまだ若かった――。あわてて手元の資料を探ると、ヤクルト監督就任時の関根さんは60歳だった。確かに、今よりは若い。

――ヤクルトの前には大洋の監督もやられていました。いずれも、弱いチームを率いることになったわけですね。

「僕が監督を引き受けるときには、チームが強いか、弱いかは関係ない。むしろ、考えたのは〝どうやって、若い選手を上手にしようか？〟っていうことだけ。でも、実際は選手たちから教わることの方が多かったね～。池山にしても、広沢にしても、みんな素直なの。だから、僕としては非常にやりやすかった。生意気なヤツは一人もいなかった。そういう面では、〝いいチームに入ったなぁ〟って思ったね」

関根さんの口から「いいチームに入ったなぁ」と聞くとファンとしても嬉しくなる。

――当時、イケイケだった池山さんは生意気ではなかったですか？

「生意気じゃないよ。ものすごく神経が細かい」

――それにしても、あの頃は池山さんも広沢さんも三振が多かったですよね。

「三振？　だってしょうがないじゃない、三振するんだから。それを怒ったってしょうがないからね。もちろん、〝ちょっと三振が多いなぁ。どうすっかなぁ〟ってことは考えたよ。だけど、すぐにうまくなるもんじゃないからね」

――怒ったりはしなかったのですか？

「怒る？　怒るわけないでしょ。野球には三振もあれば、エラーもある。怒るんじゃなくて、どうしてそうなったのか原因を考えて、あとは練習するだけでしょう。そうするとね、あいつらも少しずつうまくなっていくんだよ。それを見ているとかわいくなってくるよね。僕も若かったから、池山、広沢に勉強させてもらったよ。監督と選手じゃないんだよ、一緒に野球をやってたんだよ」

関根さんの言葉は一つひとつが温かかった。話を聞いていると「別に弱くてもいいじゃないか、勝てなくてもいいじゃないか」という気分になってくるから不思議だ。

――結果的に、次の野村監督時代に池山、広沢選手は主軸として黄金時代の中心となります。これはやっぱり、関根さんが育てたと言えるのではないですか？

「いや、僕は彼らを育てたとは思っていない。あのね、彼らがね自分で育ったの。僕が彼らを育てられるはずがない」

何と奥ゆかしいのだろう。僕は瞬時に「関根ファン」になっていた。関根さんを罵倒する不届き者がいたらオレが許さない。1勝2敗でいいじゃないか！

――関根さんがヤクルトの監督に就任した1年目にボブ・ホーナーが来日しましたよね。彼はどんな助っ人だったんですか？

「威張らないヤツ、生意気じゃないヤツ。日本の野球になじもうと頑張ってくれたよね。でも、それは僕のおかげじゃないんだよ。池山とか、広沢とか、当時のヤクルトの選手たちが偉かった。あいつらがね、ホーナーを同僚として受け入れた。差別しない。だから、ホーナーもやりやすかったんだと思う」

――翌88年には長嶋一茂選手も入団しました。関根さんはミスターとも関係が深いから、感慨もひとしおだったのではないですか？

「ミスターの子どもかどうかということは関係なかったね。ただ、そうは言っても、ミスターの名前を背負って入ってくるのは確かだから、〝絶対に恥をかかせちゃいかんぞ〟とは思ったな。ミスターというのは球界の宝だから。絶対に恥をかかせちゃいけない。一茂に教えたのはただ一つ、〝野球というのは一つひとつを真面目にすること〟、これだけ」

――89年シーズン限りで関根さんは退任されて、次は野村監督に。野村監督時代には教え子たちが活躍して黄金時代を迎えました。どのような気持ちで見ていましたか?

「別に教え子じゃないよ。さっきも言ったけど、あいつらが勝手に育ったんだから。選手が頑張って優勝した。監督が優勝するわけじゃない。それを勘違いしちゃいけない」

一瞬、「野村の手柄ではなく、選手の手柄だ」と皮肉を言ったのかと思ったけれど、飄々《ひょうひょう》とした表情には嫌味や皮肉のかけらもない。間違いなく、他意はない言葉だろう。

――関根監督時代も含めて、80年代のヤクルトはずっと弱かったですよね。どうしてだと思いますか?

実に失礼な質問だとはわかっていたけれど、目の前の好々爺ぶりを目にしていたら、多少の無礼は許される気がした。

「わからない。でも、球団には申し訳なかったよね。選手にも申し訳なかった。だって、僕自身が優勝できるとは思っていなかったから。選手を育てよう、いつか優勝できるチームにしようとは思っていたけどね。僕はヤクルトというチームには本当によくしてもらったのに、僕自身は何もチームに恩返しができなかった。ホント、ロクな仕事をしていないね……。僕は何ひとつ役に立っていないのに、それでもあまり叩かれることはなかった。本当だったら、ヤクルトファンにもっと怒られたっていいのにね。何でだろうね？」

なんだか、辛い過去をほじくり返すようなことになってしまった。質問を変えよう。

――監督時代に心がけていたことは何でしたか？

「その日のゲームは全部勝つっていうことかな？」

まさにアンチ『一勝二敗の勝者論』！

目の前の試合をすべて勝ちに行って負けたのであればファンも納得がいく。あの当時、僕が抱いていた悔しさが少しだけ報われた気がした。さらに、関根さんの言葉は続いた。

「……全部勝つことは考えていたけど、そのために選手を無駄遣いすることは絶対にしなかった。ピッチャーを何年も長持ちさせる。これはいつも意識していたよ。みんな、野球でメシを食ってるんだから、メシ食う時間を少しでも長くしてやんなきゃいけない。だから絶対に荒使いはしなかった。だって、その選手の一生を潰しちゃうんだからね。選手はケガをしないで、喜んで野球をやってくれるのがいちばん。選手っていうのはね、監督にとっては宝なんだから」

監督にとって、選手は宝――。

もしも、僕が「名言辞典」を編纂《へんさん》することになったら、絶対にこの言葉を掲載する。

この言葉を反芻《はんすう》しながら、関根さんがチームを去った後の90年代ヤクルト投手陣のことが頭をよぎる。荒木大輔、高野光、伊東昭光、川崎憲次郎、岡林洋一、伊藤智仁、石井一久、石井弘寿……。ケガ人のオンパレードだった。

（関根さんって、いい監督だったんだなぁ……）

気がつけば2時間以上が経過していた。そろそろ、終了にしよう。

僕はカバンから取材謝礼を取り出した。本来ならば銀行口座を聞いて振り込もうと思っていたけれど、取材アポの一件もあったし、関根さんに銀行口座を聞くのは、何だかオレオレ詐欺をしているような後ろめたさがあって、直接手渡しをすることに決めたのだった。

「何、コレ？」

――本日の謝礼です。

すると、関根さんの表情が険しくなった。

「あのね、僕にはこういうものは必要ないから」

――いや、でもみなさんにお支払いしているので……。

「僕はね、謝礼なんか受け取らないよ。たまに昔のことを思い出してしゃべる。それは僕にとって、とても楽しいことだから。今日、いろいろ昔のことを思い出して楽しかった。これで十分。謝礼なんかいらない。ホントだよ」

ここで押し問答をするのも無粋というものだ。ここはありがたく関根さんのお言葉に甘えることにした。すると、関根さんは笑顔で言った。

「でも、ここのコーヒーはごちそうになろうかな？」

関根さん！　僕、今日初めて知りました。やっぱり、「負けて、勝つ」って、この世の中にあるんですね。本当に勉強になりました。どうもありがとうございました！

87〜89年の関根監督時代のヤクルト。弱かったけど、やっぱり楽しいチームでした。90年代の黄金時代の種は、間違いなく関根監督が蒔いたものでした。「負けグセ」は決していいものではないけれど、それも含めてヤクルトなんですね。そして、そんなヤクルトが僕は大好きなんです。別れ際、関根さんは言った。

「勝負事はね、やっぱり勝たなければいかんですよ！　負けて勝つなんてとんでもねぇ話だ。1勝2敗じゃダメなんだよ！」

まさに、アンチ『一勝二敗の勝者論』。

やっぱり、関根さんはカッコいい——。

第七章

ＩＤ野球と超二流の系譜

「野村」という劇薬

笘篠賢治――「消えた選手」と書かれた男

ここまで、多くのOB、選手、関係者が「ノムさんが監督になって、ヤクルトは変わった」と口にしていた。1990（平成2）年に監督に就任した野村克也は、それまでヤクルトにはびこっていた負けグセを払拭し、チームの体質を一気に変えた。

就任3年目の92年にリーグ優勝、翌93年には西武ライオンズを破って日本一に。さらに、95、97年と日本一になり、98年限りで勇退。見事に「常勝ヤクルト」を作り上げた。

ノムさんのおかげで、僕も神宮球場でいつもうまいビールを呑ませてもらった。野村監督にはいくら感謝の言葉を並べても足りないほどだ。

これまで、何度かノムさんにインタビューをしたことがあるが、彼の語る野球理論は常に刺激的だった。ベストセラーになった『野村ノート』（小学館）に書かれていた投手心理、打者心理を知り抜いた分析はもはや「心理学」であり、打者のタイプや投球カウントの持つ意味の解説はもはや「統計学」でもあった。

世間には彼の著作があふれている。また、彼の関連書籍も多い。こうした「ノムさん本」の中で、とても気になる本を見つけた。

それが、現役時代はヤクルト、阪神の２球団で、そして現役引退後は楽天のコーチとして合計10年間にわたって、野村監督の薫陶を受けた橋上《はしがみ》秀樹の著作だった。

タイトルは『野村克也に挑んだ13人のサムライたち』（双葉新書）だ。サブタイトルには次のような刺激的な文言が並んでいる。

「大成した選手」と「消えた選手」
その違いはどこにあったのか？

実に挑発的なフレーズだ。当然、「消えた選手」が気になるところだが、この本のすごいところは、すべて包み隠さず「消えた選手」が実名で書かれている点だ。

真っ先に挙がっているのが、89年に新人王に輝いた笘篠賢治だった。そこには、「ノムラの理論を頑なに拒否し続けた男」と見出しが打たれている。

人生において、「たら」「れば」は禁句である。「あのとき、この道を選んでいたら……」「あのとき○○したら……」などというのは、人間、誰しもが経験することかもしれない。そして、私には「あのとき、野村監督の言うとおりにしていたら、彼はもっと違ったプロ野球人生が送れただろうにな」と悔やんでも悔やみきれない選手がいる。
その選手の名は、笘篠賢治である。

内容を要約すると、「笘篠の一生懸命さは認めつつも、努力の方向性には疑問を持っていた」野村監督は、たびたび「ゴロを打て」「フライを上げるな」「バットを短く持て」と指示するものの、笘篠はまったく聞く耳を持たなかったという。

そして、衝撃の事実が綴られる。

これは時効だから話すが、当時の笘篠はチーム内で仲良くしている選手がいなかった。もともと「自分の考えと技術には絶対の自信がある」という、超がつくほどプライドの高

い選手であったために、選手の間では浮いた存在だったのだ。

民法なのか刑法なのか、いずれにしても、僕には法律のことはまったくわからないけれど、本当に時効なのだろうか？　こんなことを書いてしまってもいいのだろうかと、他人《ひと》事《ごと》ながら読んでいて不安になってしまった。

しかし、1年先輩の橋上は笘篠とは親しく、たびたび「監督の言うことを聞け。聞かないと損をするのはオマエなんだぞ」とアドバイスをしたものの、その後もまったく改めることがなかったという。

以降も、徹底的に野村監督の言うことを無視し続けた結果、笘篠はヤクルトが黄金時代に差しかかる92年頃から徐々に試合出場の機会を失っていく。当時の僕は、勝手に「笘篠の右肩は重症なのだ」と思い込んでいた。確かに、肩を負傷していることはしばしば報道されていたけれど、実態はまったく違ったのだ。

この本を読んでいて、僕はとても不思議な気持ちになった。

（……どうして彼は、頑なまでにノムさんの指示に従わなかったのか？）

僕は笘篠に話を聞くことに決めた——。

プロ2年目から狂い始めた歯車

笘篠賢治――。

大阪の上宮高校から中央大学を経て、88年ドラフト3位でヤクルトに入団。大学4年時には日本代表としてソウルオリンピックに出場。日本の銀メダル獲得に貢献した。

「僕は元々、在京セ・リーグ志望だったんです。大学時代には神宮でプレーもしていたし、当時は（長嶋）一茂さん、栗山（英樹）さん、池山（隆寛）さん、広沢（克己）さんなど、若い選手が多かったので、ヤクルトは志望球団のひとつでしたね。チームは弱かったけど、みんなが生き生きと野球をやっている感じが好きでした」

当時のヤクルトのセカンドは、渋井敬一と桜井伸一がレギュラー争いを繰り広げていたものの、どちらも決め手を欠いていた。笘篠にとっては「ヤクルトならば早めにレギュラーを奪うチャンスがある」という読みもあった。

「日本代表経験もあったので、プロのスピードについていけないということはありませんでした。でも、関根さん時代の練習量はものすごかったですね」

笘篠が入団したのは関根潤三監督の最終年、89年のことだった。

「関根さんよりも、安藤（統男）ヘッドコーチがとても厳しくて、〝これがプロなのか〟と驚きました。練習終了後には、身体に鉛が入っているようなへとへとの状態。全身がすごく重かったです」

しかし、当時の選手が一様に口にしているように、「これがプロ」なのではなく、その実態は「あの時代がいちばん練習した」という関根監督の洗礼だったのだ。

キャンプでは紅白戦で成績を残し、オープン戦ではルーキー大賞を獲得。開幕一軍の切符も手に入れ、順調な滑り出しのように思えた。しかし、開幕前夜に足首をねんざ。開幕スタメンは桜井が務めることになった。

「関根さんには、〝オマエ、バカだね〟って笑われました。でも、〝絶対に下には落とさないから、一軍に帯同してオープン戦と公式戦の違いを肌で感じろ〟とも言ってもらいました。報道陣に対しても、〝笘篠は実戦向きの選手。練習だけで判断してはいけない〟と言ってくれました。期待されているのをすごく感じて、本当にありがたかったです」

開幕当初こそ、ポジションを桜井に譲ったものの、故障が癒えると4月18日の対広島戦から「二番・セカンド」でスタメン出場。以降、シーズン中盤からは不動の一番打者として１２０試合に出場。見事に新人王に輝く活躍を見せた。

「この年、32盗塁を記録して、ファンの人の間に、《笘篠＝走る選手》というイメージが定着したと思うし、インパクトを残せたと思いました」

プロ1年目のシーズン中、関根監督が報道陣に言った言葉は今でも笘篠の胸に息づいているという。

「笘篠と池山の二遊間が固まれば、これでヤクルトは安泰だ」

監督とファンの期待を背に受け、笘篠のプロ生活は文句のないスタートダッシュに成功した。しかし、プロの水にも慣れる2年目。意気揚々と勝負の年を迎えようとしていたところ、彼の運命を変える出来事が起こった。

関根監督解任、野村監督就任――。

取材をスタートしてから、すでに30分が経過しようとしていた。そろそろ、本題に入らねばならない。

――野村監督就任後、「ＩＤ野球」を標榜し、頭を使った、これまでとはまったく異なる野球スタイルが求められることとなりました。とまどいはありませんでしたか？

笘篠の言葉が途切れがちになる。

「……とまどいましたね。まだ、右も左もよくわかっていないプロ2年目。すごく苦しかった。野村さんの言っている意味はわかるのだけれど、それがすぐにできず、自分自身に歯がゆさ、もどかしさをいつも感じていました」

プロ2年目となる90年シーズン。笘篠に強力なライバルが登場する。キャッチャーの飯田哲也が、急遽セカンドにコンバートされたのである。

この年、笘篠は開幕から10試合はセカンドでスタメン起用されたが、4月下旬には「セカンド・飯田」が定着。その後はシーズンを通じて飯田がセカンドを守り、笘篠は柳田浩一、栗山英樹らとセンターを守る機会が増えたのだ。

「このとき、飯田はセカンド用のグラブも持っていませんでした。そんな選手とポジション争いをすることは悔しかった。一緒に争っていた渋井さん、桜井さんが相手なら〝絶対に奪い返すぞ！〟という気持ちにもなれるけど、相手はそれまでセカンドを守ったことのない飯田だったので、〝オレら、何なの？〟という気持ちになりましたね、正直」

日頃、テレビで見る熱い口調で笘篠は一気にまくしたてた。あれから30年が経とうというのに、今でもあの頃の悔しさが残っているのだろうか？

それでも、まだチャンスは与えられていた。飯田と併用する形ではあるが、ときおり笘篠にも出番は与えられていた。この頃までは、「試合に出たときに結果を残して、セカンドを取り戻すぞ」という意識は強かった。

しかし、少しずつ笘篠とノムさんとの間に溝ができていく。前述した橋上の著作から引用したい。

90年のシーズンが開幕した。シーズン当初、笘篠は一番を任されていたものの、打撃の不振が続いた。そんな笘篠に対し、野村監督はしきりに「脇役に徹しろ」と言い続けていた。

「野球はテレビのドラマと一緒なんだ。脇役がいるからこそ、主役も輝く。笘篠、お前は主役になれる選手ではないんだ。そのことを理解した上で、自分なりのプレースタイルを身につけろ」

監督のこの言葉に、笘篠のプライドはズタズタにされた。東都六大学のスター選手、オリンピックの日本代表選手、プロ1年目で新人王……これまで歩んできた華々しいスター街道をこれからも進んでいきたいという思いを、笘篠自身は抱いていたからだ。

主役と脇役と——。

第三章で述べたようにヤクルトの「脇役の系譜」において、僕のイメージの中には笘篠の姿はまったくない。プロ1年目のはつらつとしたプレーが強く印象に残っていたからだろう。いきなり現れて新人王に輝いた選手が脇役であるはずもなく、本人も「脇役に徹すること」を望んでいなかったとしたら、なおさらだ。

改めて思う。野球でも映画でも、「監督」という職業はともに、選手（俳優）をキャスティングし、効果的なオーダー（配役）を決定し、そのメンバーで最大限の力を発揮できるように頭を悩ませるものなのだろう。

当然、監督の意思に背くものは必要とされない。

そんなことは自明の理だろう。試合に、映画に出たいのならば、監督の求める要望に最大限の努力を発揮するのが、選手の、そして俳優の役目だろう。

なぜ、笘篠はそれができなかったのか？　いや、しなかったのか？

いよいよ、取材は核心へと踏み込んでいく――。

新人王の寂しすぎる晩年

単刀直入に尋ねた。

――野村監督が就任してから、急激に出場機会が減っていきました。どうしてですか？

笘篠は短く答える。

「使ってもらえなかったからです」

――どうして使ってもらえなくなったのでしょう？

「自分流のアイディアを否定されることが多くなったからです。〝サイン通りに動け〟というのは当然だとしても、それ以外の部分で自分がやってきたことを否定される機会が増えていきました……」

笘篠は続ける。

「……シーズン途中に、〝バットを短く持て〟と言われても、急に変えることはできないんですから……」

やはり、そうか。実はこの一件は、前述の橋上の書籍でも触れられている。

そんな笘篠と野村監督との関係で修復不可能となった〝ある事件〟が起きた。

あれはナゴヤ球場の中日戦だった。笘篠がバッターボックスに立ったとき、相変わらずバットを長く持って構える笘篠を見て監督が、

「笘篠！　お前はいつまでそんなに長くバットを持っているんだ！　短く持てって言ってるのがわかんねえのか!!」

と、3塁側のベンチから笘篠に向かって怒鳴り出したのだ。

（中略）

監督のえらい剣幕にバッターボックスに立っている笘篠も気づき、タイムをかけて3塁

コーチを呼んで確認をし始めた。「さすがの笘篠もこれでバットを短く持つだろう」と思った私であったが、笘篠がバッターボックスに入った次の瞬間、驚いた。それまでとまったく同じく、バットを長く持って立っていたのだ。

これを見て、野村監督も腹を決めたのだろう、結局、その試合の途中で笘篠をベンチに下げ、他の選手を起用した。その後も野村監督からの信頼を得ることなく、スタメンで起用される機会が徐々に減っていった。監督からしてみれば、ベンチから怒鳴ったのは、笘篠に対する〝最後通告〟だったのである。

……笘篠さん、頑固すぎるよ。

どうして、ここまで意固地になって自分のスタイルにこだわり続けたのか？　素朴な疑問を本人に投げかける。

――「バットを短く持て」という一件は、橋上さんの本の中で詳しく書かれていました。ナゴヤ球場でのやり取りですよね？

「ナゴヤ球場でしたね」

――どうして、そこまで大ごとになっているのに野村監督の指示を無視したのですか？

「いや、一応、指示には従ったんですよ」

――え？

「指一本分、バットを短く持ったんです。でも、ベンチから見て気づくほどではなかったんでしょうね、ハハハハハ……」

（いやいや、笑ってる場合じゃないですよ……）

内心ではそう思ったものの、僕は努めて平静を装い質問を続ける。

――たとえ指一本分、指示に従ったとしても、ベンチにいる野村監督に伝わらなければ意味がないと思うのですが……。

「そうですよね。でも、〝伝わらないのならばそれでもいい〟と思っていました」

――どうして？

「キャンプ中ならともかく、シーズン中にフォームを変えることはできないんです。すぐに結果がほしいからといって、キャンプで取り組んできたことを急に変えても、結局は違和感しか残らない。それは、チームのためにも、自分のためにもならない。僕には、学生時代から取り組んできた《自分のタイミング》があります。それは決して譲れないこだわりですから」

――そのこだわりの結果、たとえ出番を失ったとしてもいいのですか？

「はい」

そこまでキッパリと言い切るのならば、それはその人の生き方であり、哲学である。他人がとやかく言える問題ではない。

――「僕にはそれだけのこだわりがあるのだ」ということは、野村監督にはきちんと伝えたのですか？

「いいえ。僕が何かを言おうとしても、何も聞いてもらえませんでしたから」

――コーチを通じて伝えることは？

「プロ２年目以降は、相談できるコーチもいませんでしたから……」

孤立無援の状態でプレーを続けていたのだということが垣間見える発言だった。

笘篠のキャリアを振り返ってみると、ヤクルトが日本一に輝いた95年と97年は一軍出場がまったくない。僕自身も、当時の記憶が曖昧となっているので、いや、正確に言えばこの両年の笘篠の印象がまったくないので本人に直接、尋ねることにした。

――95、97年と一軍出場はゼロです。この２年はどんな年だったのですか？

「95年に関しては、その前の年に手術をしたのでリハビリ期間で万全の体調ではありませんでした。でも、97年は体調も万全で何の問題もありませんでした。96年のシーズン途中に復帰して、・３０１打っていたし、〝よし、97年は頑張るぞ〟と思っていたのに……」

――でも、試合には使ってもらえなかった？

「はい。一度も一軍に呼ばれませんでした。それどころか、二軍でも試合に出してもらえませんでした。本当に97年はどうしようもない一年だった。何もできない一年でした……」

聞きづらかったけれど、僕は何も感情を込めず努めて冷静に問うた。

——「干された」ということですか？

この質問に対して、笘篠は「はい」とも、「いいえ」とも答えずに話し始めた。

「もちろん、僕も直訴はしました。二軍のバッティングコーチの角（富士夫）さんに相談しました」

——どんな答えが返ってきたのですか？

「返ってきたのは、〝ごめんな、若い選手を使う方針なんだ〟という答えだけでした」

当時の笘篠はプロ9年目、31歳を迎えようとしていた。確かに若くはない。この年は、後に「ミスタースワローズ」を襲名することになる岩村明憲が高卒ルーキーとして入団したばかりだった。

そしてこの年、チームが日本シリーズに向けて盛り上がっている中で、笘篠に戦力外通告が告げられた。新人王の末路としてはあまりにも寂しいものだった。

——トレードを直訴したことはないのですか？

「もちろん、ありますよ。当時の編成担当の人に〝他球団を当たってほしい〟と訴えましたけど、〝どこからも話はなかった〟と言われました。日本シリーズはもちろん関心はなかったです。ユニフォームも道具も、すべて人にあげてしまいました。寂しい終わり方です。これで、現役も終わりだとあきらめていました」

ヤクルト退団が決まった際に、笘篠はどうしても球団に言いたいことがあった。

「今後、こんなに惨めな思いでユニフォームを脱いでいく選手を二度と作らないで下さい。僕みたいな思いをする選手を二度と生み出さないで下さい……」

それを聞いた当時の二軍監督はひと言、「すまなかった」と詫びたという。幸いにして、当時、広島の監督だった三村敏之の推薦もあってカープに入団。2年間プレーした後、99年シーズン限りでユニフォームを脱ぎ、広島のコーチを経て、現在は解説者を務めている。

こうした経緯を持つ笘篠だからこそ、聞きたかった。

――「野村克也」という人は、どんな人物でしょうか？

「どんな監督か？」と聞かずに、あえて「どんな人物か？」と聞いたのは、「監督」と尋ねれば、もちろん野球に関する答えが返ってくることだろう。しかし、「人物」と尋ねれば、個人的な感情が、より素直に聞けるのではないかと思ったからだ。

笘篠はそれまでと同様に熱っぽく語り始めた。

「戦術は本当にすばらしい監督だと思います。相手の嫌がることを徹底的にすることに長けた監督です。でも、個々の潜在能力を引き出すタイプというよりは、〝この選手はこういうタイプだ〟と、最初から区別する監督だとも思います」

これまでの話を聞いていれば、納得のいく答えだった。「人物評」ではなく、あくまでも「監督評」だったのが印象的だった。

——とはいえ、「野村再生工場」と呼ばれるように、適材適所を徹底することで新たな才能を開花させることに長けた監督でもありますよね。

「そうですね。でも、ファームの有望な選手を育て切れていないとは思います。鈴木平、小倉恒は他球団に移ってから開花しましたからね」

なるほど。確かに鈴木平、小倉恒はともにオリックス移籍後に花開いている。少し批判的な口調を自省したのか、笘篠はさらに続ける。

「それでも、優勝の味を経験させてくれた監督ですから感謝しています」

——ボタンの掛け違いで出場機会が失われることになったとしても？

「はい。自分のこだわりを曲げなかったことには何の悔いもありませんから」

その言葉に嘘はないのか、それは僕にはわからなかった。

それでも、僕はハッキリと覚えている。

第一章で紹介した「マイベストゲーム」、92年10月10日の優勝を決めた甲子園での一戦。

最後の打者、阪神・久慈照嘉の放った一打を処理したのは、セカンドを守っていた笘篠だった。笘篠のワンプレーから始まった歓喜の瞬間。
笘篠賢治――その名前を聞くと、僕は今でもあのセカンドゴロが頭に浮かぶのである。

秦真司――「古田入団」で、外野にコンバート

笘篠に続いて、僕にとってもう一人の「気になる選手」に話を聞くことにした。

秦真司――。

徳島の鳴門高校から法政大学を経て、84年ドラフト2位でヤクルト入り。

大ベテランの大矢明彦、八重樫幸雄に衰えが見え始めた時期だっただけに「強打の即戦力捕手」として期待されてのヤクルト入りだった。しかし、なかなか結果を残すことはできず、台頭したのはプロ4年目。関根監督時代のことだった。

88年には122試合に出場、ようやくレギュラーを獲得したように思えた。しかし、彼もまた、笘篠同様に90年の野村監督就任によって運命が激変することになる。

「土橋さん、関根監督時代に鍛えられて、90年に野村監督が就任しました。野村さんの野球は、それまでの野球とはまったく違いました。今まで知らなかった引き出しがどんどん

増えて野球がうまくなった、野球が学べた気がします。実際にチームも強くなって、90年代になって初めて勝つ喜びを教えてもらいました……」

ちなみに、秦は前述の橋上の本において「消えた選手」として登場しているわけではないことは最初に明記しておきたい。では、なぜ秦真司なのか？

野村監督就任前まではレギュラー捕手だった秦は、ノムさんの就任によって捕手から外野手へとコンバートされ、その野球人生が大きく激変するからだ。一ファンとして、「秦さんはどんな思いで野村監督の指示に従ったのだろう？」と、常々思っていた。笘篠の話を聞いた後だからこそ、秦の心境を知りたくなったのだ。

野村監督が就任した90年は、後のヤクルトの歴史を支えることになる「新人捕手」も入団している。もちろん、古田敦也である。後に監督を務め、野球殿堂入りも果たすことになる古田の入団を機に、秦は外野へコンバートされることとなった。

今回のインタビューでは、ノムさんと古田によって、秦の野球人生がどう変わったのかを聞くつもりだった。

古田について尋ねようと思っていたら、秦が先にその話題を切り出した。

「……野村監督によって、いろいろなことを学びましたけど、ただ、キャッチャーとしては古田が入ってきて競争に負けたので、〝もっと早く野村さんのような方に知り合えていたら〟という思いはありますよね。精神的には土橋監督、肉体的には関根監督、頭脳的な面では野村監督。それぞれの監督からいろいろなことを学びましたね。でも、最初から野村さんに出会えていたらキャッチャーとしての違う一面が出ていたかもしれないですけどね」

聞きづらい質問だと考えていたのだけれど、最初に秦から「競争に負けた」と切り出してくれたことで、古田についての質問が一気にしやすくなった。

また、野村監督に対しても「感謝の念」が強く感じられることも意外に感じた。僕が「意外だ」と思ったのは、当時、野村監督はマスコミ報道を通じて、秦を酷評していた記憶があるからだ。僕はそのことを尋ねてみた。

――当時、野村監督は秦さんに対して、かなり辛辣なことを話していた記憶があります。こうした発言は、当然本人の耳にも入っていますよね？

「そうですね、もちろん入ってきます。けれども、それは結果で見返す、きちんと成績を残すしかないと思っていました」

――とはいえ、古田さんのスタメン起用が続くと、きちんと成績を残すこともできないですよね。外野へのコンバートはどのタイミングで、誰が言い出したものですか？

「外野手へのコンバートは当時の丸山（完二）ヘッドから告げられました。最初は断りました。小さい頃からずっとキャッチャーしかやっていないのに、いきなり〝今日から外野をやれ〝と言われても、〝そんなこと、できるわけがない。無理です〝と断りました。しかもシーズン中だったので、〝キャッチャーで勝負します〝と言いました……」

ここで、前述の笘篠のことを思い出す。秦の話は続く。

「……でも、実際に出場機会がガタッと減ってきたので、〝試合に出られるのならば外野にも挑戦します〝と言いました。実際に野村監督は、〝たとえ打てなくても古田を使い続ける〝と発言していましたから、勝負させてもらえないのならば外野手として割り切って、打撃で、守備で、走塁で、チームの勝利に貢献する。そう考えました」

もしも、このとき「オレはキャッチャーしかやらない」と意固地になっていたら、おそらく秦の「その後」はなかっただろう。早々に他球団への移籍を余儀なくされるか、あるいは二軍でくすぶったまま、いたずらに時間だけを重ねていたはずだ。

——笘篠さんは「自分のスタイルにこだわりたい」と、従来のスタイルを貫くことを選んだと言います。秦さんはスムーズに切り替えられたのですか？

「もちろん、僕も話し合いは何度もしましたよ。でも、それでも出場機会は減っていきましたから。それで、1ヵ月だったか、2ヵ月だったか忘れましたけど、さんざん悩んで決断しました。あの当時、飯田（哲也）もキャッチャーからセカンド、センターといろいろポジションは変わっていましたよね。彼の場合はまだキャッチャーとしての経験もそこまでなかったからスムーズに割り切れたのかもしれないですけど、僕は〝キャッチャーとしてチームの優勝に貢献したい〟とずっと思っていましたから、やっぱり悩みました」

改めて、笘篠の言葉、態度がよみがえった。

「見返したいではなく、勝ちたい」

捕手から外野手へとコンバートされ、91年にはライトのレギュラーポジションを獲得、現役晩年には貴重な「左の代打」として、チームの躍進に欠かせない存在となった。プロ野球選手として試合に出続けるためにコンバートを受け入れたことが幸いしたのだ。

特に印象に残っているのは92年、西武ライオンズと激闘を繰り広げた日本シリーズ第6戦。延長10回に放ったサヨナラホームランだ。一塁ベースを回る際に大きくジャンプし、一塁ベースコーチの渡辺進と抱き合っている姿は今でもハッキリと覚えている。

「あの場面ではホームランは狙っていなかったけど、〝絶対に打ってやる！〟という思いでヒットを狙っていました。カウントはスリーボール・ワンストライクだったんです。当時、キャッチャーの伊東勤は〝ボール先行カウントでは変化球が多い〟というデータがありました。だから、〝ストレートはない〟と判断し、〝ワンストライクなので、潮崎の決め球であるシンカーもまだ投げない〟と考えました。だとすれば、外から曲がるスライダーを意識していました」

　そしてこの場面で、西武のリリーフエース・潮崎哲也の投じた真ん中に入る甘いスライダーを秦は見逃さなかった。ライトポール際に消える豪快な一打は、対戦成績を3勝3敗の五分とする貴重な一打となった。

「やっぱり、キャッチャーをやっていた経験が活かされたと思いますね。頭を使ってやる野球。それが野村野球の根底でもありますからね」

　打撃面で活躍した一方、野村監督に「捕手失格」の烙印を押されてしまった印象も世間には根深くあるように思う。外野へのコンバートを打診された際に「小さい頃からキャッチャーしかやっていないのに」と固辞した思いは、きれいに解消できているのだろうか？

　失礼な質問だとは理解していた。それでも秦は淡々と答える。

「それはやっぱり気になりますよ。でも、他人がどう思うかは自分ではどうすることもできませんから。そう思われるのならば仕方ないし、〝言わせておけばいい〟と思っていました。もちろん、キャッチャーとして古田と勝負したかったけれども、勝負の場を与えられないのならば……、いや、勝負の場は与えられていましたね。キャンプでも競争はしたし、（90年の）開幕戦もスタメンで使ってもらったわけですから。キャッチャーとして見返すことができないのならば、僕は外野手として、さらには選手会長として、キャプテンとして、人間力を磨く。そうしたことは強く意識していました」

ここまで、多くのヤクルトＯＢの話を聞いてきて、秦について、複数の選手からこんなエピソードを聞いていた。

「代打の切り札になってから、野村監督が一度、秦さんに頭を下げたことがあったんです」

詳しく聞いてみると、投手のクセを盗むことが得意だった秦に対して、野村監督は「すまないが、他の選手たちに○○投手のクセを教えてやってくれないか。もちろん、お前の飯のタネだということはわかっている。けれども、チームのためにみんなに教えてあげてくれないか」と頼んだのだという。

その真相を尋ねてみると、秦は笑った。

「僕が意識していたのは《チームの勝利が第一》ということでした。ですから、出し惜しみはしなかったです。何でも教えましたよ。あの頃は、巨人で言えば槙原（寛己）、石毛（博史）、木田（優夫）、広島の紀藤（真琴）、あと外国人投手はほとんどクセがわかっていましたね。クセを見抜くコツも野村監督から学んだものでしたから」

――ライバルに出番を奪われるという不安はなかったのですか？

「ありませんでした」

秦はキッパリと言い切った。

「たとえ、ライバルに抜かれたとしても、〝自分はさらにその上を行こう〟と常に思っていましたから、そのことでストレスを感じることはなかったです。出番がなくなる不安よりも、〝さらに打てばいい〟と考えていました。たとえば、ライトを争っていた橋上（秀樹）にも、聞かれたときは打撃のアドバイスをしましたよ。彼の場合は軸となる右足のひざがどうしてもぶれてしまう。するとカが逃げてしまうんです。原因がわかっていたから、それはきちんと伝えました。そうそう、古田にもいろいろなことを教えました」

——ポジションを奪われることになった古田さんに対しても？

「彼は、図々《ずうずう》しくも、〝秦さん、インコースの打ち方を教えてくださいよ〟って言ってくるから教えてあげました（笑）」

現役引退後、秦は筑波大学大学院に通い、本格的にコーチングの勉強をする。

そして、現在では巨人の三軍コーチとして、主に育成選手を中心に指導をしている。注目したいのは、その肩書きだ。

——三軍バッテリーコーチ。

彼の現役時代を振り返ってみれば、主にキャッチャーとして活躍したのは入団からの約5年間。それ以降の10年以上は外野手としてキャリアを積んでいる。それでも、現在では若手捕手に熱心に指導をする日々が続いている。

――大学院に通う決意をしたのはどんな理由からですか？

「野球界への恩返しがしたかったからです。自分自身も《正しいことは何か》が知りたかったし、勝手に烙印を押したり、評価をしたりせず、分析や正しいコーチングをして、野球を伝えていきたいからです」

「勝手に烙印を押す」というフレーズが耳に響く。

――そこには野村監督に対する意識もあるのですか？

「もちろん、野村監督に負けない指導者になりたいという思い、野村さんにない武器を持ちたいという思いがあったから、大学院に通うきっかけになったのかもしれません」

――「野村さんにない武器」とはどんなことでしょうか？

「たとえば、いくら《ＩＤ野球》と言っても、野村さんの場合は個々のスキルを伸ばす指導は感性に頼るものが多かったと思います。でも、僕らはそこをデータ抽出・分析し、スキルを伸ばすための研究をし、選手に筋運動感覚をつかんでもらおうと思っています。例えば一流捕手のスローイングの構造を研究し、0.1秒でも早く投げるための運動連鎖を選手に理解させる。そうした部分を伝えられるコーチは少ないですから、現役時代に所属したこともないのに、こうして巨人でコーチをやらせてもらっているのだと思っています」

そして、秦の話は改めて「野村克也」という人物に迫っていく。

「野村さんは監督としては超一流です。野球もよく知っています。だから野村監督の下でしっかりと野球を学んだ人はいいコーチになっています。でも、野村さんは技術を教えることは得意ではない。だからこそ、僕は技術をしっかりと教えられるコーチになりたい。指導者として、もちろん人間としても負けられないです」

——そこには「見返したい」という思いもあるのですか？

「いえいえ、〝見返したい〟とは思いません。そうではなくて、〝勝ちたい、勝ってやろう〟とは思っています。今、自分のやるべき事は指導者として、選手の力を引き出し、若手選手を育てて、さらに魅力ある野球界にしていくこと。それが、野球界への恩返しだと思っています」

野村克也の監督就任により、野球人生の方向転換を余儀なくされたが、それでも秦は外野手として、そして現在では指導者として、順調な第二の野球人生を歩んでいる。

橋上秀樹——「超二流選手として生きること」を選んだ男

90年、ヤクルト・ユマキャンプ。就任したばかりの野村克也新監督がホワイトボードの前でしゃべり続けていた。

「人として生まれる」（運命）
「人として生きる」（責任と使命）
「人を生かす」（仕事、チーム力）
「人を生む」（繁栄、育成、継続）

歴代監督のミーティングといえば、サインやフォーメーション確認ばかりだった。しかし、この場で語られているのは一見すると野球には全く関係のない人生論であり、幸福論ばかりだった。選手たちは呆気にとられながら、それでも必死にメモを取り続けている。

ホワイトボードに書かれていたのは野村監督が考える「人生の4つの側面」だった。さらに、野村の話は自らの経験から体得した「一流になる人の条件」に及ぶ。

1　独創的な考え方やアイディアに優れている。
2　自主性と自発性を持っている。
3　観察力に優れている。

4　頂上体験や至高体験が多い。

5　旺盛な問題意識がある。

6　人から離れてプライバシーを保つ欲求が大きい。孤独な時間を精神的な成長に使う。

7　感性が豊かで、鑑賞力が常に新鮮である。

8　考え方が、自己を超えるようになる。自分のことだけではなく、他人のことを考える。

（これが野球とどんな関係があるのだろう？）

そんな思いを抱きながらも、若き日の橋上秀樹は黙々とペンを走らせていた――。

＊

現役17年間で実働は12年。通算543試合に出場して、810打数215安打、86打点。通算打率・265――。

この数字だけを見れば、決して彼のことをスター選手と呼ぶことはできないかもしれない。しかし、現役引退後、新球団・東北楽天ゴールデンイーグルスが誕生した05年に二軍外野守備走塁コーチに招聘されると、翌06年から就任した野村克也監督の懐刀としてその身近で働き、07年から野村の監督最終年となる09年までヘッドコーチとして、楽天・野村を支え続けることになる。

その後も「一軍戦略コーチ」として、巨人の優勝を陰から支える貴重な戦力となり、13年にはWBC日本代表のチーフスコアラーを任されるまでになった。さらに現在では西武の野手総合コーチとして、一貫して戦略部門を任されている。

橋上秀樹――。

現役時代はレギュラー選手ではなかった彼が、現在では「日本野球の頭脳」として、その戦略眼に誰もが一目置くまでになった。

現役時代の橋上は決して一流選手ではなかった。しかし彼は、自らの目標を「超二流選手になること」と定め、それを実現し、野球界に自らの立ち位置を確保した。

彼は野村の下で何を学び、何を活かし、現在の地位を築いたのだろうか？

野村監督に認められる契機となったサイン解読

「野村さんがヤクルトの監督に就任した初年度のキャンプ（90年ユマキャンプ）で、全体練習が終わった後に〝足に自信のあるヤツは集まれ〟って言われたことがあったんです。

そのときは、自薦他薦含めて5～6人が集まったのかな？　えぇ、僕もその一人でした」

野村監督の招集に応じたのは橋上の他に、前年に新人王を獲得した笘篠賢治、プロ入り4年目ながら一軍での実績はほとんどなかった飯田哲也、柳田浩一、城友博らだった。

「このとき、〝足が速いということは大きな武器だから、それをきちんと自覚するように〟と監督に言われて、追加で盗塁用の練習メニューをやったことを覚えています」

プロ7年目を迎えていた橋上にとって、「自らの長所をきちんと自覚し、その役割に徹すること」という「野村の考え」に初めて触れたのがこのときだった。

連夜のミーティングを通じて「平均的にそつなくこなす人材が集まった集団より、特徴のある個々の集団の方が、組織は明らかに機能する」と実感するのはしばらく経ってからのことだった。「中途半端な一流ならば、プロの世界で一年でも長く野球を続けるために超二流を目指す覚悟を決めた方がいい」と橋上が悟るには少し時間がかかることになる。

前年の関根潤三監督時代には42試合に出場したがノムさんが就任した90年には出場機会が25に減った。出場しても、試合後半の代走か守備固めで、打席に立つ機会は大幅に減少する。彼がプロとして生き残るために目指すべき道は「レギュラー奪取」よりも、「一芸に秀でた脇役」の方がはるかに近道だった。

「当時のヤクルト外野陣には左の秦（真司）さん、荒井（幸雄）さんがいました。僕はこの2人には打撃ではかなわない。でも、2人とも左バッターだったから、左投手のときには（右打者の）僕の出番もあるかもしれないし、守備と足なら自信がありました。こうして少しずつ、チームにおける自分の役割を意識して野球に臨むようになりました」

転機となったのはある年の中日ドラゴンズとの3連戦だった。

「関根さんの最終年に、ようやく一軍の試合に出始めたんですけど、野村監督になってからはベンチにいることが多くなりました。〝何とか試合に出たい〟と思って試合を見ていたら、《ある法則》に気がついたんです」

三塁ベースコーチからのサインに、ある一定の法則があることに橋上は気づいた。

（あっ、何か仕掛けてくるな……）

そんな思いで試合に集中していると中日ベンチはヒットエンドランを仕掛けてきた。

（やっぱり、そうだ……）

初めは「ただの偶然かもしれない」と思っていたが、次のケースも、その次のケースも橋上の予想通りに中日攻撃陣は策を講じてくる。

翌日の2戦目も同様だった。そこで、3戦目が始まる前にコーチにその旨を告げた。

「そのときは〝そうか、わかった〟という感じで終わったんですけど、その試合中に中日の1アウト一塁の場面でコーチが〝橋上、相手のサインはどうだ?〟って聞いてきたんです。そのとき は〝エンドランです〟と言ったか、〝動いてきます〟と言ったか忘れましたが、中日が何かを仕掛けてくることを伝えました」

コーチとのやり取りを見ていた野村は「試しに牽制球を投げろ」と指示する。牽制の後に、再び中日ベンチからサインが出る。

ノムさんが橋上に問う。

「次はどうや？」

「サインは変わっていません」

「一球、外せ」

ベンチから捕手・古田敦也にサインが出される。橋上の緊張がピークに達した。

（もし、中日ベンチが何も動いてこなかったらどうしよう……）

しかし、その心配は杞憂に終わった。彼の予見通り、打者はとんでもないボールを空振りし、古田は走者を簡単に刺した。

試合後、野村監督は橋上を呼び寄せて聞いた。

「お前は選手のクセや相手ベンチの作戦を見抜くのが好きなのか？」

「試合に出場していないときには、ベンチで相手の動きを観察するのも仕事の一つだと思っています」

野村監督は「そうか」と満足そうにうなずき、「監督賞」を贈ることを決めた。

「このときは褒められましたけど、その後はずっと怒られてばかりでした。十回のうちに一回ぐらい褒められるから、それがすごく印象に残る。そんな感じだと思います（笑）」

まさにこのときこそ、橋上が信頼を勝ち取る契機であり、後に続くノムさんとの師弟関係の始まりの瞬間だったのかもしれない。

「野村野球」に反発し、結果を残せなかった選手たち

そして、その関係が本格的に強化されるのが楽天時代のことだった。05年に発足した新チームは創設初年度に田尾安志監督を招聘し、新球団にふさわしいフレッシュな陣容でスタート。コーチ経験のなかった橋上はこのとき、二軍外野守備走塁コーチとなった。

しかし、1年目を38勝97敗1分という成績で終えると、フロントは田尾を解任。後任に野村克也を据えることを決めた。こうして、06〜09年までの4年間を「監督とコーチ」として過ごす濃密な日々が始まることとなった。

「野村さんの野球というのは勝つために確率の高いプレーを選択する。そういう野球なんです。そのためにデータを駆使する。その一方で、相手の力が圧倒的に上回っているとき

には、たとえ確率が低い手でも、相手を脅かすために使わなければならないことがある。いわゆる《奇襲》です。こうしたものを、勝負勘とともに臨機応変に使い分けることができるのが監督の野球でした」

選手、コーチ時代を通じて、野村が説き続けたのは「変化することを恐れるな」ということだった。

「野村監督は〝進歩とは変わること。変わることこそ進歩である〟と何度も言っていました。それまで結果を出せていないのなら、何かを変えるしかない。それを繰り返し伝えていました。それでも、なかなか素直に変化することを受け入れられる選手は多くなかったです」

野村によれば、変化ができない理由は3つある。

・現状維持を望んでいるから
・変化することが不利に働くと考えるから
・変化する勇気を持てないから

それでも、「変化が大切だ」と野村は説き続けた。橋上は言う。

「変わることを恐れたり、それまでのやり方にこだわったままでは、いつまで経っても何も変わらない。変化することは進歩の証だし、変わることに楽しみを見出せれば変化も容易だし、変化によって新しい何かを得ることができるんです」

こうした「変化を受け入れられた選手」の代表こそ、ヤクルト時代の池山隆寛、土橋勝征、宮本慎也、楽天時代の山﨑武司、岩隈久志らであった。一方で、前述したように自らの信念に基づき、「変化することを拒んだ選手」もいた。

「選手として、ヘッドコーチとして監督に接していてわかったことは、《野村監督という人間は正直な人である》ということです。喜ぶときは喜び、怒るときは怒る。悲しいときには悲しい感情がストレートに出てきます。けれども、そうした監督の本質を理解できなかった選手たちは反発したり、悩んだりして、そのままチームを去っていきました」

野球とは、人間と人間がむき出しの本性でぶつかり合い、ときには互いの思惑を隠しながら競い合うスポーツである。だからこそ、人との縁、そして相性によって、結果も大きく異なってくる。橋上はノムさんを信じ、そして結果は吉と出た。

「ID野球」という劇薬

野村監督は、しばしば選手たちを「超一流」「一流」「超二流」「二流」と4つのタイプに分類していたという。「超一流」とは現役選手で言えばイチロー（マーリンズ）であり、ダルビッシュ有（レンジャーズ）であり、引退選手で言えば長嶋茂雄や松井秀喜のことだ。そして「一流」とは、各チームのレギュラークラスのことで、常時試合に出続けられる選手のことを指していた。

「でも、野村監督は《一流》の選手はもちろんですが、《超二流》の選手を高く評価していました。むしろ、試合終盤には《超二流》の力が大切だと考えていました」

ノムさんの言う「超二流」とは「レギュラーにはなれないが、一軍で通用するための武器を最低2つ持っていて、試合終盤の大事な場面で起用したくなる選手」のことだった。

それは、守備固めであったり、代走要員であったり、確実にバントを決めたり、進塁打を打ったりしてくれる脇役のことだった。

「監督が常に言っていたのは〝一流の選手になることはできなくても、超二流の選手なら、その意志さえあれば誰でもなれる〟ということでした。先ほどの《変化する勇気》じゃないけど、チームに必要なパーツを見つけて、そこにあてはめられる自分に変わることができるかどうか？　それが大事だということです」

プロ野球に入ってくる選手たちは、誰もがアマチュア時代にはチームのスター選手だったはずだ。しかし、プロの世界でもそのままのスタイルを貫き通すことができるのは、それこそ「超一流」のほんのひと握りの選手だけだ。

そのままのスタイルを続けていれば、中途半端な一流として選手寿命は短命に終わってしまうだろう。少しでも長くプロの世界で生きていくためには、「変化」が必要だ。

それは、現役時代の橋上もまた同様だった。高校からプロに入って7年目に、生涯の恩師となる野村と出会った。それまでの6年間のスタイルを貫き通しても、結果は見えていた。彼は変わるしかなかったのだ。

「いやいや、そんなに素直に最初からすべてを受け入れられたわけではありませんよ。ただ、まだ若かったから何も考えずに監督の教えを素直に受け入れることができたのかなとは思います。やがて、〝右ピッチャーのときには秦さんと荒井さんがスタメンだけど、左ピッチャーのときは絶対にスタメンで出る〟とか、〝ゲーム終盤には代走や守備固めで出る〟とか、チームにおける役割分担を自分なりに意識するようになりました。でも逆に言えば、〝どんなピッチャーでもスタメンで出る〟という欲求、意欲は自然に薄れてしまっていたのかもしれないですけどね」

滅多に人を褒めることがないという野村から「オレの下でヘッドコーチになってくれ」と指名を受けた橋上秀樹。その後、野村に代わってミーティングを任されるほどになった。ハッキリと言葉に出すことはなくとも、その信頼感は絶大なものだった。

「野村監督からは本当に多くのことを教わりました。その教えは今でも僕の中で生きています。監督の教えをメモしたノートは10冊以上になります。この教えを大切に、これからの野球人生も歩んでいくつもりです」


多くの人が語るように、ヤクルトの歴史を語る際に「野村以前」「野村以後」という分類は確かに存在する。

時代の変わり目にあった選手たちの中には笞篠のように、あえて変わらぬことを選ぶ者もいれば、秦や橋上のように、自分が生き残るために変化を選択する者もいる。それは生き方の問題であり、その人の人生観でもある。

他者が良し悪《あ》しを論ずることはできないのだ。

適者生存——。

ノムさんの言葉を借りればそういうことになるのだろう。

90年代の到来とともにヤクルトにもたらされた「ＩＤ野球」という新たな哲学。

そこで生まれた化学変化は多くの勝利を生み出し、選手たちの人生に大きく影響した。

「野村克也」という劇薬によって、見違えるほどの成長を遂げた者と、そのまま消えていかざるを得なかった者と、明暗はハッキリと分かれた。自らを「超二流」と規定することを拒んだ笘篠賢治と、受け容れた秦真司、橋上秀樹。

ヤクルトには、そんな「ＩＤと超二流の系譜」も存在するのだ――。

第八章

リハビリの系譜

傷つき、打ちのめされても

「活躍→故障→リハビリ→苦闘」というスパイラル

14年ぶりにセ・リーグを制覇した1992(平成4)年のヤクルトと、同じく14年ぶりに優勝した2015(平成27)年のヤクルトには「故障投手の涙の復活」という共通項があった。

92年の優勝時には3人の投手が見事な復活勝利。感動的な名場面が続出した。

4月7日……高野光、1076日ぶり勝利(対中日ドラゴンズ@ナゴヤ)
5月16日……伊東昭光、1029日ぶり勝利(対阪神タイガース@甲子園)

10月3日……荒木大輔、1611日ぶり勝利（対中日ドラゴンズ＠神宮）

1983（昭和58）年ドラフト1位の高野、85年ドラフト1位の伊東、そして、82年ドラフト1位の荒木。故障に悩まされ続けていた3人のドラフト1位がそろって復帰し、それぞれ1000日以上のブランクを経てカムバックしたのが92年のことだった。

彼ら3人の雄姿は中学、高校時代に何度も神宮で見ていたので、80年代の弱小時代を支えた彼らの復活は心から嬉しかった。

92年9月24日、神宮での対広島カープ戦。荒木が復活登板を果たしたこの日、僕は球場のスタンドからこの場面を見守った。荒木の名前がコールされた瞬間の球場の盛り上がりは最高潮に達していた。長年、神宮に通い続けているけれど、このときの荒木の復活と、02年の池山隆寛引退試合の盛り上がりが、僕にとっての双璧である。

彼らの「復活劇」は本当に感動的だったし、14年ぶりの優勝のためには、彼ら3投手は決して欠かすことのできない存在だった。

時代は流れて、15年のヤクルト優勝時には3度のトミー・ジョン手術など数多くの手術を乗り越えて、館山昌平が不屈の精神でまたも神宮に戻ってきた。

7月11日……館山昌平、1019日ぶり勝利（対横浜DeNAベイスターズ@神宮）

この日も神宮球場には多くのヤクルトファンが詰めかけ、背番号《25》が復活する感動的なシーンの目撃者となった。

ここで挙げた4投手の他にも、90年代以降のヤクルト投手陣は「活躍→故障→リハビリ→苦闘」というスパイラルが延々と繰り返されていた。それが、第四章で述べたように「90年代にはエースはいなかった」という事態を招いたのである。

思いつくだけでも、岡林洋一、川崎憲次郎、伊藤智仁、石井一久、山部太、高津臣吾、河端龍、川島亮、石井弘寿、由規……とたくさんの好投手の顔が浮かんでくる。

ある者は見事に復活してカムバック賞に輝き、またある者は全盛時の輝きを取り戻すことができずに白球を置いた。しかし、彼らの雄姿は今でもはっきりと僕の脳裏に刻まれている。結果的に、引退に追い込まれようとも、傷つき、打ちのめされようとも、かつてまばゆいばかりに光り輝いていたあの雄姿を、僕は決して忘れない。

そこで、ヤクルト投手陣の「リハビリの系譜」を改めてたどってみたい。

彼らの奮闘があればこそ、ヤクルトの歴史は築かれてきたからだ。

まずは、第一章で述べた「マイ・ベストゲーム」において胴上げ投手となった伊東昭光を訪ねることにした。前述したように92年の優勝は彼の力投なくしてはあり得なかったし、彼はこの年、見事にカムバック賞を獲得した。

さっそく連絡を取り、球団事務所でご本人に話を聞いた――。

伊東昭光――「入団前から右肩を痛めていた……」

「実はプロに入った年に、すでに右肩がいかれていたんです……」

いきなり衝撃的な告白から、伊東のインタビューはスタートした。

「……ドラフト直前、社会人の全国大会のときにひとりで全試合登板して、全部完投したんです。そこで優勝はしたんですけど、その時点で少し肩は痛かったです。だから、ドラフトでヤクルト入団が決まった後、トレーナーさんのご自宅に週に2、3回お邪魔してマッサージを受けていました。それでも、痛みはやはり取れなかったですね」

右肩に不安はあったものの、ルーキーイヤーのキャンプにおいて、伊東はすぐに「プロでもやっていけそうだ」という自信をつかんだという。

「ブルペンに入ってみて、コントロールがいいのは尾花（高夫）さんと、梶間（健一）さん、ボールの威力で言えば高野（光）さんが速かったですね。でも、〝普通にやれば、自分も通用するだろう〟とは思いました。ただ、肩の調子だけが不安だったんです……」

彼が入団した86年は土橋正幸監督の最終年で、翌87年からは関根潤三監督の時代となる。

「土橋監督は、ひと言で言えば《気合いの監督》でしたね。ただ、あの頃は本当にピッチングスタッフが手薄でローテーションが組めなかったですね。梶間さんがヘルニアの手術をしていたので、尾花さんと高野さんと荒木がいて、そこに新人の僕が加わるという感じでした。抑え投手も確立できていなかったので、その日、調子のいい投手が後ろを任されるという感じででした。土橋さんは激情型で、抑えれば褒められる。打たれれば怒られる。性格の波が激しい監督でしたね」

やっぱり、そうなのか。当時の選手たちに話を聞くと、誰もが「土橋さんは激情型」と答える。では、関根さんはどうだったのか?

「関根監督時代はとにかく猛練習を課せられた思い出しかないですね。テレビやラジオに出ているときには本当に優しいおじいちゃんみたいでしたけど、実際に監督としてユニフォームを着たら、歴代で練習がいちばん厳しい監督でした」

池山隆寛も広沢克己も同様の発言をしていたことを、僕は思い出す。

秋季キャンプの初めに、関根監督は選手たちにこう宣言したという。

「このグラウンドに、君たちの汗と涙と血を存分に沁みこませて帰るから」

伊東もまた、「関根の洗礼」を浴びたのだった。

「たとえば、〝ランニング100本！〟と言っても、大抵は50本ぐらいで終わるんです。でも、関根さんのときは本当に100本やりましたね。練習量に関しては、間違いなく歴代ナンバーワンの監督でした」

プロ入り時から、すでに肩の故障に悩んでいた伊東は、「痛みはあるけれどもそのうち治るだろう」という思いを胸に、騙《だま》し騙し投げ続けていたという。

プロ2年目にはリーグ最多となる31試合に先発。逆に翌88年はすべてリリーフ登板のみで18勝9敗17セーブで最多勝に輝いた。右肩の不安を抱えながら、起用方法も一定せずに、ひたすらマウンドに上がり続けたのは当時のチーム事情ならではだった。

この頃、肩の調子はどうだったのだろうか？

「まだ痛みは続いていましたけど、無理して投げれば、投げられないという状態ではなかったです。ただ、最多勝を獲って迎えた翌89年は、前の年の疲れが出たのか、また肩がおかしくなったんです」

89年は22試合に登板したものの、夏場に戦線離脱。「選手は宝」と話していた関根さんにとって、彼の離脱はさぞかし無念だったことだろう。

そして、野村監督就任1年目となる90年は開幕直後に自らギブアップ宣言を行った。

「監督室に行って、野村さんに〝もう肩が痛くて、どうしようもない〟と告げました」

ブルペンに入って、いつものようにボールを握る。そして、いつものように軽いキャッチボールを始める。この時点ですでに鈍い痛みが走っていた。少しずつスピードを上げていく。鈍い痛みはすぐに激痛へと変わる。もはやピッチングどころではなかった。

野村監督の就任によって、チームは少しずつ強くなっていく。川崎憲次郎、西村龍次、岡林洋一ら若き好投手たちが台頭していく姿をただ見守るしかできなかった。

ここから約2年間、一軍マウンドから伊東の姿が消えた——。

そして、胴上げ投手に……

この頃、荒木大輔、高野光はともにアメリカに渡って右ひじのトミー・ジョン手術を受けていた。ひじに関しては、手術とその後のリハビリの方法論が確立しつつあったものの、肩の手術はまだ前例が乏しく手術の方法論も確立していなかった。

「高野さんや荒木が順調にリハビリを行っているのを見て、僕も球団に〝アメリカに行かせてくれ〟と頼みましたが、聞き入れてもらえませんでした。それで、91年6月に慶應病院で右肩の内視鏡手術をしました。本来ならばそこから半年ぐらいはじっくりと調整が必要なんですけど、僕の場合は翌月の7月には痛み止めの注射を打ちながら、無理矢理ピッチングを始めていました。でも、その年の秋季キャンプ辺りから少しずつ投げられる手応えを感じて、翌年の春季キャンプでは、そこそこ投げられるようにはなっていました」

術後、わずか1ヵ月でピッチングを始めるなんて、現在では考えられないことだ。復活にかける伊東の執念の一端を見た気がする。

まだまだ痛みは残っていたが、「10の痛みが1か2程度になっていた」という92年シーズン序盤は中継ぎとして起用され、少しずつ野村監督の信頼を勝ち取っていく。

「ある程度、中継ぎで結果を残したことで先発でも使ってもらえることになって、あの日の復活登板になったんです」

こうして、ついに「あの日」がやってくる。

92年5月16日――。

甲子園球場で行われた対阪神戦で、伊東は1029日ぶりの勝利を挙げた。しかも、1対0の見事な完封劇。この日、僕は『プロ野球ニュース』を見ながら涙した。なぜなら、お立ち台に上がった伊東が人目もはばからず泣いていたからである。こらえようにもこらえきれない大粒の涙。ヒーローインタビューなのに何もしゃべることができない。まさに「嗚咽《おえつ》」としか言いようのない光景だった。

「あのときは、古田や広沢たちがみんな、〝よかった、よかった〟と喜んでくれる姿を見て、本当に嬉し涙が出ました。最後のバッター、オマリーの打球がセンター・飯田のグラブに収まった瞬間、飯田が真っ先に駆け寄ってくれたのも嬉しかったです」

チームメイトが心からの笑顔を浮かべて無邪気にはしゃいでいた。故障による苦しいリハビリを乗り越えての復活劇はチーム全員を幸せにするのだ。

この日の勝利を足がかりに、この年の伊東はシーズン終盤まで大事な場面で投げ続けた。そして迎えたのが「マイ・ベストゲーム」、10月10日だった。

先発・荒木大輔は5回1失点、3対1とリードの場面で二番手・加藤博人にスイッチ。打者ひとりを抑えて加藤は降板。三番手にマウンドに上がったのが伊東だった。

「6回一死二塁の場面でマウンドに上がったけど、出て行ったときはまだ地に足が着いていないというか、ふわふわとした感じでしたね。7回、8回は普通に投げられたけど、さすがに9回は緊張しました。今度は逆に上半身がすごく軽くなったような感覚。腕を思い切り振っているのに球がいかない。そんな感じでした」

こうして、ヤクルトは14年ぶりの優勝を勝ち取ったのだった。改めて本題に入ろう。

――どうして、この頃のヤクルト投手陣には故障者が相次いだのでしょうか？

「やっぱり、時代だと思いますよ。まだ、分業制も確立する前でしたから。それに、下位に低迷しているチームであれば首脳陣だって無理はさせない。でも、優勝争いをしているときは、信頼できる、力のあるピッチャーを優先的に投げさせたいですから。それに対して、選手だって意気に感じて、〝大丈夫です。これぐらいなら投げられます〟というのが、あの時代だったんだと思います」

――やはり、伊東さんも「意気に感じるタイプ」でしたか？

「もちろんです。監督に信頼されているのに〝いや、ちょっと……〟と断るような投手はいません」

これこそ、「一流投手の業《ごう》」というものなのだろう。痛みはある。選手生命を考えれば「ノー」と言う勇気も必要なのかもしれない。それでも「大丈夫です」と答えてしまう。それが、あの時代であり、あの頃の一流投手だった。

――時代が変わり、今はそうではない？

「変わりましたね。現在のように中6日のローテーションだとか、リリーフ陣にしても3試合投げたら4連投はさせないとか、起用方法も変わりました。あとはトレーナー、PT（理学療法士）がトレーニング方法を指導し、疲労度を計測し、投手へのケアがきちんとし始めていますからね」

――現在では、「違和感」という言葉に代表されるように、故障に対する細心の注意が一般的になりましたね。

僕の発言に対して、伊東は大きくうなずきながらも苦言を呈した。

「僕はピッチングコーチも、二軍監督もやりましたけど、最近の若い選手たちは《張り》と《痛み》の区別がついていない選手が多い気がします。張っていることは痛みではない。その区別をきちんとつけてほしい。指導者としては、〝これぐらいだったら、投げられるだろう？〟と思うことは何度もありました……」

痛みと戦い、故障と格闘し続けた伊東の言葉は説得力に満ちていた。

92年の優勝に欠かせないのが伊東昭光だった。「マイ・ベストゲーム」をしっかりと締めくくって、感動の美酒を呑ませてくれた彼には感謝の言葉しかない。

そしてもう一人、この年のセ・リーグ制覇を語る際に絶対に忘れてはならない名投手がいる。

岡林洋一、その人である――。

岡林洋一――あっという間で、本当に苦しかった92年

92年の岡林洋一は神がかっていた。プロ2年目ながら先発にリリーフに、計34試合に登

板して15勝10敗。そのうち先発登板が23で12完投。防御率は2・97という好成績。

圧巻だったのは西武との息詰まる日本シリーズだ。

岡林は第1戦、4戦、そして最終7戦に先発し、いずれも完投している。そのうち、初戦と第7戦は延長戦となり、計3試合で30イニング、全430球を投げ抜き、西武に敗れはしたものの、見事に日本シリーズ敢闘賞を獲得した。

第7戦、薄暮の神宮球場――。

この日、僕はバックネット裏の特等席で観戦していた。最後の打者、ジャック・ハウエルが三振に倒れた瞬間、僕は一塁側ベンチ内の岡林の姿だけを見つめていた。

グラウンドでは歓喜に沸く西武ナインが森祇晶監督の胴上げを始めている。その光景を岡林はじっと凝視していた。

どんな思いで、彼は西武ナインの姿を見ていたのだろう?

西武日本一の瞬間、僕は翌年以降の岡林のさらなる飛躍を何の疑いもなく信じていた。この悔しさをバネにして、彼は必ず大投手へと成長していくだろうと確信していた。

しかし、この年をピークに岡林の輝きは少しずつ減じていく。故障である。右肩、右ひざを痛めたことで、本来の投球がまったくできなくなった。

一軍から岡林の姿は消え、ときおり目にする新聞報道では、手術に踏み切ったこと、懸命にリハビリに励んでいることが報じられるだけだった。

96年、そして98年、一軍登板は一度もなかった。次第にファンの中でも「岡林洋一」の存在感が希薄になっていく。僕にとっても、あれだけまばゆかった92年の彼の姿が、次第にその光を弱めていくような気がしていた。

そして、00年シーズンを限りに現役引退。実働8年の太く短いプロ生活だった。

現在はヤクルトのスカウトとして活躍している岡林に会いに行った。


僕はまず、鬼気迫る大活躍を見せた92年シーズンのことを尋ねた。

――プロ2年目、「92年」というシーズンはどんな印象が残っていますか？

「あっという間の1年で……、うーん……、まぁ、苦しいシーズンでしたね」

あの年の岡林の奮闘がよみがえり、「苦しいシーズン」という言葉が重く響く。

――1年目はリリーフでの起用が多かったですが、2年目は先発に転向しました。どういう経緯で、先発になったのですか？

「1年目の終盤にテスト登板として2、3試合先発しました。ここで2勝していたので、野村監督から〝来年は先発で行くぞ〟と言われました。自分でも先発で投げたかったので、喜んでやらせてもらいました」

——でも、シーズンが進み、優勝争いが白熱する頃には先発もリリーフも、何でも任されましたよね。野村監督からは何か指示があったのですか？

「特に言葉で言われたわけではないけど、先発投手だけれどもブルペンでも準備してほしいという感じはわかっていました」

——現在ではあり得ない起用方法だと思うのですが……。

「いや、それは今だから言えることで、当時は別にそういうことは普通にありましたから。自分の性格的な問題もあるけど、チームから頼りにされているのに、〝いや、無理です〟とは言えないですから」

同様の発言を伊東昭光もしていたことを思い出す。

——たとえば92年9月11日、甲子園での対阪神戦では、7回からリリーフして延長15回まで9イニングを「完投」したのに引き分けという試合もありましたね。

「あの試合は本来ならば先発のはずだったんです。でも、その前の横浜でリリーフで投げてしまっていて、あの日の阪神戦のリリーフになったんです。さらに、この試合の後にも中1日でリリーフしました。あの頃は本当によく投げましたね。いつも痛み止めの注射を打ちながら投げていました。でも、おかげで名前が売れましたけどね（笑）」

名前が売れることとの代償として、痛みに耐えながら自らの肉体を酷使する。ここにも、

「一流投手の業」を、僕は見た気がした。

「来年は投げられないな……」と思いながらの力投

92年の日本シリーズ、当初の予定では岡林は「第1戦と第5戦に先発する予定だった」という。しかし、運命のいたずらか、10月20日に予定されていた第3戦が雨天順延となり、試合日程が変更されることとなった。

「第3戦が中止になった時点で、当初の予定通り第5戦が行われるはずだった21日の第4戦の先発が言い渡されました。そうなれば、あとはスクランブル登板の覚悟もできました。状況によっては第6戦でも、第7戦でも投げる覚悟です」

10月17日の第1戦で161球を投げた岡林は中4日となる22日の第4戦にも先発。ここでも8回109球を投げ抜いて完投するものの、打線の援護がなく0対1で敗戦投手となった。この試合において、岡林には忘れられないシーンがいくつかある。

「この試合、負けはしましたが、ようやく西武・デストラーデの対策がつかめた試合でしたね。第2打席だったかな？　最後は内角高めで三振を奪ったんですけど、事前のミーティングでは〝高めはダメだ、高めはダメだ〟と言われていたけど、〝いや、意外と高めは使えるぞ〟と手応えを感じたことを覚えています……」

そして、岡林は驚くべきことを口にする。

「……もう一つ忘れられないのはこの試合の途中に、〝アレ？　来年、投げられないかもしれないな〟と思ったことです。調子はよかったし、肩も痛くはなかったんだけど、〝なんかしっくりこないな？〟というボールが何球かありました。そのときに、急に次の年のことが不安になったんです……」

それは、何かの予兆だったのだろうか？　「肩の痛みもなく、調子もいいのに不安を覚える」ということが、一流のプロの投手にはあるのだということを、僕は初めて知った。

ヤクルトは初戦をとったものの、続く第2戦から第4戦を連敗して崖っぷちに立つ。しかし、第5戦は延長10回、池山隆寛の決勝ホームランで勝利。神宮に戻った第6戦も延長10回、秦真司のサヨナラホームランで対戦成績を3勝3敗の五分に戻した。

「第6戦は伊東（昭光）さんがリリーフをして4イニング投げましたけど、決着がつかずに試合が続いていたら、僕が投げていたでしょうね。当然、ブルペンでスタンバイはしていましたから……」

何と言うことだ。第4戦の登板から中2日のこの日も、ブルペンで肩を作っていたというのだ。さらに岡林の述懐は続く。

「……でも、秦さんのサヨナラホームランで、延長10回で勝利。試合後すぐに、野村監督から〝明日の先発を頼むぞ〟と言われました。その瞬間からはすぐに意識は次の日に向かっていますよね。緊張はなかったです。まさか、あの当時の西武相手に3勝3敗で第7戦ができるとは思っていませんでしたからね。このときは〝無様な試合はできない〟という思いと、〝ここまで来たからには勝ちたい〟という色気が半々でした」

――ここまで投げ抜いてきた疲労、そして肩の痛みはどうだったのですか？

「もう身体は限界でしたね。走れないぐらい肩は痛かったです。だから、第7戦はランニングもせずにただ歩いただけで、ロクなアップもせずに試合に臨みました」

満足にウォーミングアップもできない投手が日本シリーズという大一番で一世一代のピッチングを披露する。精神力が肉体を凌駕する瞬間が、プロ野球には確かにあるのだ。

そして、この試合でも岡林は魂のこもったピッチングを披露する。相手の先発、西武・石井丈裕も好投し、同点のままで試合は後半戦に進んでいく。

――ずっと1対1のままで、延長戦に突入する気配が濃厚でした。「延長も頼むぞ」というのは野村監督から告げられたのですか？

「うーん、〝大丈夫か？〟とは聞かれたかな？　でも、こういうときって、言葉はいらないんです。アイコンタクトで、パッと見て、〝はい、わかっていますよ。ちゃんと投げますよ〟っていうのは伝わっていたと思いますね」

カッコいい。カッコよすぎる。「男の心意気」とは、こういうことを言うのだろう。そして、その言葉通り延長戦になっても岡林はマウンドに立ち続けた。

結局、10回表に秋山幸二の犠牲フライで1点を失い、ヤクルトは1対2で敗れ去った。歓喜に沸く西武ナインの姿をじっと見つめていた岡林の姿が頭をよぎる。

——あの場面、じっと見つめていましたが、どんな心境だったのですか？

「勝者と敗者とは、こんなにも違うものなのか。そういう思いでしたね。そして同時に、〝今度はあっち側に行きたいな〟という思いでした」

——悔しいから、「相手の喜ぶ姿は見たくない」という思いはなかった？

「はい。むしろ、〝見なきゃいけない〟と思っていたし、見たかったです。〝この悔しさは絶対に忘れない〟という思いでしたね」

しかし——。93年、ヤクルトは西武にリベンジを果たすものの、そこに岡林の姿はなかった。激しい右肩痛に苦しめられていたのである。前年の輝きがウソのような精彩を欠くピッチングが続き、この年は5勝8敗という平凡な成績に終わっていた。

「93年の日本シリーズは球場に行く気がしなかったので、家でテレビをチラチラ、チラチラという感じでした。正直に言って、素直に応援できなかったんです。チームが勝ったのは嬉しかったけど、そこにいたかったという思いの方が強かったです」

――結果的に92年シーズンが投手寿命を縮めてしまったという思いはありませんか？

自分でも意地悪な聞き方だと思った。それでも、岡林は淡々と答える。

「あの年があったから、今でも多くの人に覚えてもらっているという思いはあります。でも、プロとして、アスリートとして考えてみると、単に〝頼りにされているから、多少は無理をしても……〟という考え方はクエスチョンですね。だけど、そうは言っても自分のポジションをすでに確立している選手と、休むと他の選手にポジションを奪われてしまう選手とでは、当然その立場も違いますしね……」

――当時、プロ2年目の岡林さんは……。

「……当然、〝ノー〟とは言えない立場ですよ。でも、頼りにされているのならば、無理をしてでも投げたいと思うのは事実だし、あのときのピッチングがあるから、こうしてインタビューを受けさせてもらっているのも事実ですからね……」

――90年代は岡林さんだけではなく、川崎憲次郎、伊藤智仁、石井一久など、多くの故障者が続出しました。これは起用法には問題はなかったのですか？

「それはいつも考える問題です。でも、間違いなく今、名前が挙がった投手たちはチームの中心として投げていた投手ばかりですよね。投げ過ぎが原因なのか、ケアが足りなかったのか、起用法に無理があったのか、あるいはその全部が当てはまるのか……。僕は今でも答えが出せないですね」

僕の脳裏には、「酷使」というフレーズが瞬時に浮かんだ。

注射を打ちながら痛みをこらえ、気持ちのこもったピッチングを続けていた92年の岡林洋一。まさに「太く短く」生きた投手だった。もしも彼が「細く長く」生きる野球人生を選んでいたら、ここまでファンの心を揺さぶることはなかったのかもしれない。

身を削って投げ続けてくれたからこそ、僕は岡林の雄姿に胸を打たれた。そのクセ、「もっと長く投げてほしかった」というわがままな思いもある。

「太く長く」を両立させることはできないのだろうか？

伊藤智仁――鮮烈すぎる93年の輝き

92年が岡林洋一ならば、93年は伊藤智仁の年だった。

驚異的な変化をする高速スライダーを武器に、新人ながら前半戦だけで7勝をマークしたものの、その年の7月に負傷すると、故障とリハビリに明け暮れる野球人生を送った。

この年、僕は大学4年生で、慣れないスーツ姿で就職活動に励んでいた。

社会に出る気構えもないまま、「ただ、周りが就活しているから」という理由だけで採用面接を受け、「何とか内定をもらいたい」と、会社側にこびへつらい、心にもない言葉を連ねる自分に自己嫌悪を感じていた。

ちょうどそんな頃に、同い年の伊藤智仁が神宮のマウンドで躍動していた。彼と自分とを比較して、ますます自己嫌悪は募っていた。本当に彼はまばゆかった。

「2月の一軍キャンプではまずまずだったんですけど、オープン戦の終盤になって風邪をひいたのか、体調を崩しました。それで、開幕二軍スタートとなったけど、自分としてはそんなに焦っていなくて、〝体調が戻ればすぐに（一軍に）上がれるやろ〟と思っていました。一軍に上がってからは、自分がプロで通用するんだという手応えもなく、〝何とか試合を壊さないように、次もチャンスをもらえるように〟と投げ続けていました」

本人は謙虚に語るが、その投球内容は新人離れしていた。6月以降7月4日の巨人戦まで、6試合58回2／3イニングを投げて、失点はわずか2、奪三振は70を記録。シーズン序盤ですでに7勝を挙げていた。

93年、伊藤智仁の快進撃——。

それは、突然終焉のときを迎えた。7月4日、巨人戦に先発した伊藤はこの日も1対0で完封して7勝目をマークした。しかし、9回表に「ひじにピリッと電気が走ったような気がした」とのコメントを残して、この日から長期欠場を余儀なくされてしまうのだ。

結局、この年はチームに戻ってこなかった。チームは15年ぶりの日本一に輝いたが、日本シリーズで彼の雄姿を見ることはできなかった。実働3ヵ月で規定投球回数に満たなかったものの、あの松井秀喜をさしおいて新人王に輝いた。

本人も含めて、誰もが「来年に期待しよう」と思っていた。

しかし、彼が再び実戦マウンドに上がるのはそれから3年後の96年のことだった。

この間、リハビリは一進一退の繰り返しだった。

「今日はよかった。でも、明日はどうなるかわからない。今日はここまでできた。でも、翌日になったら何もできなくなっている。そんなことの繰り返しでした。ボールを握るのが怖い。朝になるのが怖い。自分の身体なのに、まったく言うことを聞いてくれない不安。そんな毎日を過ごしていました……」

96年シーズン途中に復帰後、この年のオフには翌年に備えて、石井一久とともにアメリカのクリーブランド・インディアンスの施設でトレーニングに励んだ。

棘上筋腱断裂《きょくじょうきんけん》のために伊藤とともに、アメリカでリハビリをしていた石井は「智さんは落ち込んだりすることもあったのかもしれないけど、それを自分の中で解消できる強さがありました。悲壮感もないし、取り乱したりすることもないし、常におおらかな態度だった記憶があります」と振り返る。

石井の言葉は、地獄のような苦しみを味わいながらも決して悲壮感を表に出さず、他者に八つ当たりをせず、粛々と現実を受け入れている伊藤智仁という男の強さを言い当てているように、僕には思える。

こうして、彼はリハビリに打ち克った。

翌97年には高津臣吾と並ぶダブルストッパーとして、ヤクルトの日本一に貢献。7勝2敗19セーブ、防御率は1・51という好成績でカムバック賞も受賞した。

しかし99年秋、右肩の血行障害が彼を襲い、10月には右肩にメスを入れた。

「右肩が血行障害になったことで、常に右手が冷たいんです。血が通わないから脈もない。そのときはさすがに焦りました」

右手の不調は投球だけではなく、日常生活にまで支障をきたすようになっていた。

「手が上がらないから、電気をつけるヒモを引っ張ることができない。歯ブラシも持てないし、髪も洗えない。それは本当に不便だし、不安は募るばかりでした」

さらに試練が襲う。「早く復帰したい」という焦りがあったのか、翌00年には右足内転筋を負傷。この頃には「93年の輝き」は失われ、新たな投球スタイルを模索している彼の姿があった。しかし、翌01年には再び右肩に違和感を覚えて途中降板。

結果的に、これが最後の一軍マウンドとなってしまった。

その後、伊藤は01年にも右肩にメスを入れ、翌02年には右肩関節の亜脱臼に苦しめられる。そして03年10月25日の巨人との二軍戦でラストマウンドを迎えることとなる。

この日の最速は１０９キロ。全盛時とはほど遠いスピードに、戸田球場に詰めかけたファンは言葉を失った。かつて、「高速スライダー」と呼ばれる魔球を自由自在に操っていた男が投じる山なりのボールは、見る者に衝撃を与えた。しかし、本人は笑顔で述懐する。

「あれが、あのときのベストでした。〝もうちょっと投げられるかな？〟という気持ちもあったけど、もう無理でしたね」

そこに、何の悲壮感もないことが、僕には意外だった。時間の流れが、当時の苦しみ、悔しさを洗い流してくれたのだろうか？　いや、そうではない。

現役時代の同僚で、ともにアメリカでリハビリに励んだ石井一久は、現在ヤクルトの投手コーチを務める伊藤について、「ああいう苦労した方がコーチになるのはすごくいいこと。僕が見た智さんは《一瞬のすごいスライダー》とそれ以上の《長いリハビリ》の人でした。智さんはリハビリに費やした時間をまったく無駄にしていない。真剣にリハビリをやっていたという部分で、僕は智さんを尊敬しています」と言った。

伊藤智仁は全身全霊を傾けてケガと向き合い、リハビリに励んでいたのだ。

残念ながら全盛時の輝きを取り戻すことはできなかったものの、そこには「やるだけのことはやりきった」と腹を括《くく》ることのできる潔さがあった。

そして、石井一久は言う。

「僕にはプロでライバルという存在はいなかったけど、プロに入っていちばんすごいと思ったのは智さんのスライダーでした。後にも先にも、あれよりすごいボールは見たことがありません。そんなことを感じたのは智さんだけです」

この言葉を本人に告げると笑顔になった。

「いやいや、カズのスライダーの方がずっとすごかったから（笑）」


人は彼を「悲運のエース」と呼ぶ。まるで、夏の日の花火のように、一瞬だけ輝き、まばゆいばかりの閃光《せんこう》を残して消えていった姿からのインスピレーションだろう。

「悲運？　全然、そんなことは思いませんよ。別に悲劇でも何でもないです。僕はただ、自分のやれることをしっかりやっただけ。他人の肩を持ったことがないからわからないけど、僕はこの肩だったからプロになれたし、この関節の可動域というのも僕の特徴だと思うんです。常に毎試合、毎試合、自分の全力を出し尽くそうと思っていました。余力を残そうなんて考えていなかった。いつ故障しても仕方ないと思っていました。その結果があの1年目であり、その後のケガやリハビリだったんだと思います」

終始、「何も悔いはない」と伊藤智仁は語る。

その言葉に偽りはないのか、単なる強がりではないのかと他人が詮索することではない。

それでも、「93年の輝き」に、僕は思いを馳せ、「もしも、ケガさえなかったなら……」と、ついつい考えてしまうのだ――。

館山昌平、そして由規――復活の途上で……

伊藤智仁の現役最晩年である03年にヤクルトに入団してきたのが館山昌平だった。

館山もまた、プロ入り以来、「故障→手術→復活」を繰り返している名投手だが、彼の場合はプロ入団時にすでに手術を経験している点が異色だった。

「初めての手術は大学4年生になる直前の02年3月です。肩の骨頭と受け皿をつないでいる棘上筋を断裂して、それまでは騙し騙し投げていたけど、思い切って右肩のクリーニング手術をしました。だから、プロに入るときにはすでに肩の手術を経験していたんです。

僕が入団したときの一軍投手コーチが（伊東）昭光さんで、二軍の投手コーチは松岡（弘）さん、岡林（洋一）さんでした。このとき、昭光さんからは2年間投げられなかった時代の話を聞いたことはよく覚えています」

このとき館山はリハビリに励む伊藤智仁の姿を目の当たりにしている。

「僕がルーキーだった03年は、智さんの現役最後の年でした。このとき、トレーニングルームで黙々とリハビリに励んでいる智さんとよく一緒になりました。若い頃に華々しい実績を残していたベテランの智さんが必死になって地道なトレーニングに励んでいる姿は、ルーキーだった自分にとって、すごく印象に残っています」

プロ1年目こそ、7月以降一軍に定着して先発を任されることもあった館山だが、プロ2年目の04年に右ひじ靱帯を断裂。最初のトミー・ジョン手術を受けた。

わざわざ「最初の」と書いたのは、彼はその後2度も同じ手術を受けるからだ。さらに、肩関節、股関節、血行障害などその他の手術を含めると、実に8回の手術を経験し、計156針の傷跡がその身体に刻まれているからだ。

血行障害になると、指先まで血が通わず、「爪が伸びなくなることもあった」という。

「プロの選手ならば、できるだけケガをしないような練習、投球を意識することも必要なのかもしれません。でも、僕の実力ではそれでは戦えなかったんです。ケガをするリスクはあるけど、常に全力で腕を振るしかないんです。誰だってケガなどしたくない。でも、ケガを恐れていては僕の場合は先には進まない。いつ故障しても仕方がないという気持ちでマウンドに立っていました」

伊藤智仁とまったく同じセリフじゃないか。ケガを恐れていては結果が残せない。ならば、ケガを恐れず「いつ故障しても仕方がない」と投げ続けるしかない。

これだけの決意と覚悟を胸に、一流投手たちはマウンドに上がっているのだということを、まざまざと突きつけられた気がする。

92年の優勝時には高野、伊東、荒木の復活がチームに勢いを与えたように、15年の優勝劇において、館山の復活もまたチームに活力をもたらしたのは事実だ。

15年7月11日、１０１９日ぶりの復活勝利では笑顔でヒーローインタビューを受けていた姿が印象深い。この日、館山は6回を投げて1安打1失点。復帰2戦目で、見事に勝利投手となった。前回登板の6月28日は勝ち投手にはなれなかった。降板後、ベンチで大粒の涙をこぼした館山だったが、この日は涙を見せなかった。

「リハビリ中は一軍のマウンドに戻るということを長期的な目標にしていたので、最初の復帰登板の際にはグッとくるものがあったけど、復帰2戦目はチームの勝ちに貢献することが目標だったので、いい結果が残せて笑顔になりました」

彼の復活劇を目の当たりにしていて、僕は常々、「どうして、この人は心が折れないのだろう?」と思っていた。もちろん、人知れず自暴自棄になったり、投げやりな感情を抱いたりしたこともあるのかもしれない。それでも、ファンの前に現れるときには、いつも前向きな姿勢で野球に取り組み、全身全霊のピッチングを披露している。

——傷つき、打ちのめされることはなかったのですか？　あったとしたら、どうやって、それを乗り越えるのですか？

素朴な疑問だった。そして、僕がもっとも知りたいことだった。

「リハビリが辛いと思うことは何度もありましたよ。でも、絶対にケガを理由に引退だけはしたくないんです。今の医療技術ではひじの故障ならば高い確率で復帰できます。僕はこれまで、先輩の河端龍さんがトミー・ジョン手術から復活して、リリーフエースになったことも聞いているし、高津（臣吾）さんが故障と戦いながらメジャーリーガーとして活躍したことも知っています。（伊藤）智さんは、〝絶対にマウンドに戻ってやる〟という執念でリハビリに励む姿を見せてくれました。そんな先輩たちの姿は僕の励みになりました。松岡さんからは２００勝目前の１９１勝で辞めなければならなかった悔しさも聞きました。だから、引退するときに〝これをやっておけばよかった〟という思いを抱いたまま辞めたくはない。決して後悔しないで投げ続けるために、僕はリハビリを続けてきました」

歴代先輩投手たちのバトンがしっかりと館山に伝わっているのが嬉しかった。

——館山さんが先輩投手の姿を見てきたように、現在の館山さんの背中を見ている後輩投手もいると思います。彼らに対する「責任」のようなものを感じることはありますか？

「大げさに言えば、《責任》のようなものはあると思っています。一緒にリハビリを戦ってきた仲間たちのためにも、もがき苦しんだ結果、きちんと一軍で結果を残せるのだということを見せなくてはいけない。必ずゴールは明るいのだということを見せなくてはいけないと思っています」

その言葉は静かだが、力強い。これから、館山昌平がマウンドに立つときには、一球たりとも見逃してはいけない。彼が命を削るようにして投げ込む白球には、どんな思いが込められているのか？　その重みを決して忘れてはいけない。

15年シーズン終了後、館山はカムバック賞を受賞した。伊東昭光、伊藤智仁に次ぐ、カムバック賞の系譜がまた築かれることとなった。伊藤智仁は言う。

「カムバック賞を獲る選手というのは、その年の開幕前には計算に入っていない選手だと思うんです。その中で成績を残してカムバック賞を獲るというのは、チームにとっては嬉しい誤算ですよね。そういう選手がいる年は、当然強いですよね」

その言葉通り、この年ヤクルトは14年ぶりのリーグ制覇を実現した。

館山の復活劇が、その原動力となったのは言うまでもない。

館山昌平が伊藤智仁の姿を見て、辛いリハビリを乗り切ったように、今度はリハビリに励む館山の姿が力になって、見事に復活した投手がいる。

由規――。

*

07年の高校生ドラフトでは、大阪桐蔭高校・中田翔(北海道日本ハムファイターズ)、成田高校・唐川侑己(千葉ロッテマリーンズ)とともに、「高校BIG3」と称された仙台育英高校の佐藤由規。

ルーキーイヤーの08年から一軍キャンプに帯同し、この年2勝をマーク。翌09年には5勝、続く10年には12勝と順調な成長曲線を描き、10年には当時の日本人最速となる161キロも計測。未来は明るいと思われていたものの、11年9月に右肩腱板を損傷。以来、一軍マウンドから遠ざかる。さらに、12年には左ひざの剝離骨折、続けて右肩痛を再発。ついに13年に手術を決断する。

「ピッチャーとしては肩にメスを入れるというのは避けたいところだったけど、〝これで投げられるようになるのなら……〟という思いで13年4月に手術をしました。それでも、状態はよくならずに一進一退を繰り返しました。最初は〝14年シーズンをフルに投げられるように〟と思って手術をしたのに、まさかその後も投げられなくなるとは思っていませんでした……」

この頃、由規の支えとなったのが大先輩の館山昌平だった。

「館山さんとは同じ時期を過ごしたんですけど、あれだけ実績のある人が、年齢の離れた後輩たちと一緒になって明るくリハビリに励んでいる姿は胸に響きました。館山さんはオンとオフの切り替えが上手で、やるときは一生懸命やる。でも、リハビリが終わったら明るく過ごす。よく一緒に食事に連れて行ってもらったりしました」

由規はそう言うが、決して「オンとオフの切り替えが上手」だっただけではないはずだ。後輩たちの前で、館山は努めて明るく振舞っていたのだ。それは「リハビリの先には必ず明るいゴールが待っている」ということを、身をもって示したかったからだろう。

伊藤智仁が館山の前で明るく振舞っていたように、館山もまた由規の前では決して弱音を吐かなかった。だからこそ、館山は決して泣き言は言わずに明るく過ごしていたのだ。心の中にある「真の感情」を押し殺して……。

この頃、伊藤智仁、石井弘寿をはじめとするリハビリ経験を持つ投手コーチたちから、由規は「ある使命」を告げられていたという。

「投手コーチたちからは、〝リハビリは苦しいかもしれないけど、お前が頑張って復帰することで、今ケガをしている人だったり、これからケガをしてしまった人に勇気を与えたり、こうすれば復帰できるんだぞということを見せることができるんだ。カリスマ的存在になれるのはお前しかいないんだ〟って言われていました。この言葉と、ファンの方たちからの声援は、当時の僕の支えになっていました」

それでも、由規の右肩はなかなか復調しなかった。

そして、チームが14年ぶりの優勝に沸いた15年オフ、由規に非情な通告がなされた。入団以来つけていた背番号《11》から、背番号《121》への変更だった。3ケタの背番号とはすなわち、支配下登録から外れ、育成枠への降格を意味するものだった。それは、「来年ダメなら、もうクビだぞ」という球団からの最後通告でもあった。

「ショックは感じませんでした。もう落ちるところまで落ちたのだから、やるしかないという思いになりました。むしろ、ケガをしてずっと投げられなかった選手を4年間も待ってくれた球団に対する感謝の方が大きかった。本来ならば15年オフの段階で、もうクビになっていてもおかしくなかったのに、育成選手としてもう1年チャンスをもらえたのは球団の恩情でした。背番号が3ケタになったことで、それまでの実績に関係なく、自分が一番下なのだということが冷静に理解できたのだと思います」

――年齢もキャリアも実績も、自分よりも下である、3年目の杉浦稔大《としひろ》や、ルーキーの原樹理よりも、「自分の方が下なんだ」とスムーズに思えたのですか？

「思えましたね」

何の迷いもなく、由規はキッパリと言った。

「あのときの僕は彼らと競う段階ではなく、まずは一軍でしっかりと投げられることが目標でした。その上で、杉浦や樹理との勝負が始まるわけで、当時はまだその段階ではなかったですから」

――育成選手として迎えた16年シーズンはどのような意気込みでしたか？

「必死に結果を残して、〝また背番号《11》を取り返すんだ〟という純粋な気持ちでやっていました。育成だからというよりは、本当に1日1日が勝負でした。1ヵ月に2回、多くて3回しか投げられなかったので、その少ない数でどう結果を残すか、〝何とか状態を落とさないように〟っていうのはすごく意識していました」

――育成契約を結ぶ際に、球団からは「お前のために背番号《11》は取っておく」と言われたそうですね。

「はい、確かに言われました。それもまた、〝絶対に《11》を取り戻すんだ〟というモチベーションになったし、これも球団の恩情だと思いますね」

二軍で好投を続けた由規は、見事に支配下契約を勝ち取った。

そして、16年7月5日に支配下契約を結ぶと、9日の中日戦に先発で復帰。実に１７７１日ぶりの一軍マウンドだった。

この日、小雨交じりの神宮球場ではあったが超満員の観客が詰めかけた。もちろん僕も神宮のスタンドにいた。由規のベンチ内での表情が見たくて、あえて三塁側内野指定席のチケットを購入し、双眼鏡片手に彼の一挙手一投足を見守った。驚いたのは、三塁側にもかかわらず、周囲はほぼ緑の応援ボードを持ったヤクルトファンばかりだったことだ。

「試合前は緊張していたけど、試合が始まるときには緊張はなかったですね。グラウンドに入った瞬間に、ファンの方からの〝お帰り！〟という雰囲気は感じました。応援してもらえる喜び、投げられる喜びを感じながら、あの日のマウンドに立ちました。本当に幸せだったけど、勝負の世界なので、結果には納得していないですけどね」

この日の由規は6回途中6失点でマウンドを降りたものの、復帰2戦目となる7月24日、ナゴヤドームでの中日戦では好投を見せ、１７８６日ぶりの勝利投手となった。

久しぶりのヒーローインタビューでは涙は見せなかった。

「こうして勝つことだけを考えて頑張ってきたので、とにかく嬉しい。チームにいい影響を与えられるように頑張っていきたい」

結局、この年は5試合に登板して、いずれも先発で2勝3敗という成績を残した。5年に及んだ暗く長いトンネルから、ようやく抜け出したのだ。

「でも、ようやく一軍マウンドに立ったというだけで、まだ本当の意味での《復活》は果たせていません。今は中2週間とか、中10日とか、周囲の人たちに気を遣ってもらいながら投げているけど、これからは中6日で、きちんとローテーションを任されるようになることを目標にしています。これまで支えていただいた方々のためにも、応援してくれたファンの人たちのためにもまだまだこれからです」

改めて、故障に苦しんだ先輩投手たちの話を向けると、由規はつぶやくように言った。

「それを《伝統》と言っては語弊があるのかもしれないけど、故障しても負けずにリハビリを繰り返す先輩たち、それをサポートするトレーナーさん、そして5年も待ってくれた球団。それはうちのチームならではの独特のものなのかもしれないですね」

＊

今回、ケガに苦しみ、リハビリに打ち克った男たちに話を聞いた。

なぜ「ヤクルト投手陣はケガが多いのか？」という疑問は常に持ち続けていた。80年代から90年代前半に活躍した投手たちはチームが弱かったからこそ、力のある投手たちがマウンドに上がり続けた。一方、野村克也監督の下で黄金時代を築き上げていた頃には、チームが強かったからこそ、力のある投手が多投を余儀なくされた。

いずれも、ひと言でいえば「酷使」という言葉で片付けられるものなのかもしれない。あるいは、「かつてはそれが当たり前な時代だった」と言うこともできるのかもしれない。話を聞いた彼らは一様に「投手というものは、監督から〝投げろ〟と言われれば意気に感じるもの」と口にした。その結果、故障しようとも「それで本望だ」という美意識があった。こうして、彼らは長く苦しいいばら道を歩むこととなった。

この苦しいリハビリ期間を乗り越える原動力となったのは、後輩たちに見せてきた先達の背中だった。伊藤智仁が伊東昭光や荒木大輔の背中を見て、館山昌平が伊藤の姿を見て、由規が館山のリハビリに励む姿勢を目の当たりにしたように、実績ある先輩たちがむしゃらにリハビリに取り組む姿は、後輩たちにとっての手本となった。

リハビリに励む彼らの胸の内にあったのは、「もう一度、神宮のマウンドに立ちたい」という執念そのものであり、「ファンの声援を浴びたい」という思いだった。

こうして、男たちは再び神宮球場に帰ってきた。

故障前の輝きを完全に取り戻すことはできなくとも、それでも彼らが再びマウンドに立ってくれるだけで、ファンとしてはそれでもう十分だった。もちろん、プロ野球は勝負の世界だ。ただ戻ってくるだけでは意味がないことも承知している。それでも、ただそこに立っていてくれるだけで、涙がこぼれそうになるのも事実だった。

伊藤智仁は言った。

「実は、自分では〝もうアカンな〟ということはわかっていたので、みんなに内緒でナックルボールの練習をしていたんです。ナックルだったら、肩に負担をかけずに投げられるかもしれへんって思って……。でも、全然ダメでした。あれは特殊な才能が必要なボールなんですね（笑）」

本人は笑顔で語っていたが、僕はその瞬間、胸が詰まりそうになった。１５０キロを超える豪速球と高速スライダーが武器だったあの伊藤智仁が、完全な技巧派投手であるナックルボーラーとして再起をかけていたとは。なりふり構わず泥にまみれて、たとえ「往生際が悪い」と言われようとも、そうまでしてマウンドに戻りたかったのだ。

ケガはしない方がいい。そんなことは誰だってわかっている。それでも、故障してしまったときに、その人間の真価が発揮されるのだとしたら、ここで紹介した男たちはみな一流の投手であり、一流の人間ばかりだった。

傷つき、打ちのめされても、なおも立ち上がろうとする彼らの生きざまは僕らの胸を強く、激しく打ちつける。ヤクルト投手陣の「リハビリの系譜」から、苦境においても、なおも闘い続ける男たちの姿から、僕は絶望と孤独と努力と勇気とを学んだのだった――。

＊

育成契約から、ようやく支配下契約を勝ち取り、ついに5年ぶりの勝利を挙げた16年の大みそか。由規は自身のツイッターで、こんなツイートをしている。

２０１６年12月31日：２０１６年もたくさんの応援ありがとうございました。今年を漢字一字で表すと、「希」。僕自身五年ぶりに一軍での勝利を掴むことができ、希んできたことが形になり、次に希みをつなぐことができ、そして来季への希みを込めて。皆さん２０１７年も宜しくお願いします！　目標はもちろん日本一！　良いお年を

伊藤智仁、石井弘寿コーチから言われたという、「ケガに苦しんでいる人たちのカリスマ的存在」になるべく、由規の復活ロードは始まったばかりだ――。

第九章

ファミリー球団の系譜

緩さと厳しさの狭間で

ヤクルトスタイル&ヤクルトスマイル!

14年ぶりにセ・リーグを制覇した2015(平成27)年。この年、「あるフレーズ」が、選手たち、そしてファンの間で流行した。

ヤクルトスタイル&ヤクルトスマイル——。

残念ながら、新語・流行語大賞を獲得するほど世間一般に広まりはしなかったものの、ヤクルトファンの多くがこのフレーズを知っている。

優勝争いが白熱していた同年9月になると、球団はこの機に乗じて、Tシャツや缶バッジなど「ヤクルトスタイル&ヤクルトスマイル」グッズまで売り出してしまった。決して、

「カッコいい!」とは思わなかったけれど、ついつい僕も買ってしまった。

15年10月2日、優勝直後の神宮球場にて、ファンの前で行われたビールかけでは、選手会長の森岡良介が「ヤクルトスタイル&ヤクルトスマイル、エイエイオー!」と乾杯の音頭をとった。この瞬間はファンにとっても忘れられない至福のひとときだった。

このフレーズの発案者は野村克則バッテリーコーチだという。

新聞報道によると、当初は「ヤクルトスタイル」だけだったそうだ。その意味するものは「個々の力を集結してチームの力を出す。一体感を表す言葉」で、カツノリコーチは、マジで「新語・流行語大賞」を狙っていたのだという。ちなみに、この年の同賞はヤクルト・山田哲人とソフトバンク・柳田悠岐の「トリプルスリー」が獲得している。

実際に選手たちもヒーローインタビューで、しばしば「ヤクルトスタイル」と口にして、ファンの間にも、少しずつ浸透していくことになった。

そして、ここに新たに「ヤクルトスマイル」が加えられることになったのは高津臣吾投手コーチ(現二軍監督)の発案だという。

さっそく、その真相を聞いた。

「夏場の広島戦で、いつものようにホワイトボードに《ヤクルトスタイル》と書かれていたものを、あえて《ヤクルトスマイル》に書き換えたんですよ。《スタイル》と《スマイル》って似ているじゃないですか？　それで、《スタイル》を乗っ取ってやろうと思ったんですけどね、ホントは（笑）」

　続いて、「スマイル」に込められた思いを聞いた。

「僕は日本、アメリカ、韓国、台湾、独立リーグといろいろなところで野球をやってきました。日本野球の難しさ、厳しさも知っているし、本場・アメリカのエンジョイする野球、楽しんでする野球も経験しました。僕たちはプロなので真剣勝負の野球ではあるんだけど、ちょっとホッとひと息つくというか、少しだけリラックスしてプレーする部分も絶対にあった方がいいと思うんです。そういう、《エンジョイしながらする野球》を意味して、《スマイル》という言葉を選んだんです」

　ここまで深い意味が込められていたとは知らなかった。単なるダジャレの思いつきだと思っていてスミマセン。「スマイル」の意味を聞いたので、次は当然「ヤクルトスタイル」に込められた思いだ。高津コーチは少しだけ考えてから口を開いた。

「……まぁ、少ない点差で粘り抜く野球、バッテリーを中心に守り抜く野球。そんなスタイルのことですかね」

　野村克則が発案し、高津臣吾が発展させた「ヤクルトスタイル&ヤクルトスマイル」というフレーズ。当の選手たちはどのように受け止めたのか？

「ミーティングのときにカツノリコーチが言っていたんですけど、試合前に元気をくれるというか、ポジティブな気持ちにさせてもらえるというか、テンションが上がるのでこの言葉は好きですね。もちろん、普段は緊張感ある中で野球をやっているんですけど、いつもカツノリコーチはひとボケかましてくれるので和むし、盛り上がれるんです。ミーティングではこのかけ声が恒例になっていました」（雄平）

「うーん、僕はあんまり何も考えていなかったですね。別にあのフレーズによって、みんながまとまったりとかも感じなかったし、それまでと変わらずですね」（山田哲人）

「あれは野村コーチの発案なんですけど、一つの合言葉で明るく一体感が生まれるというのはとてもよかったですね。外国人にも取り入れやすいフレーズだったから、バーネット、ロマン、オンドルセクも、みんなでこのフレーズを口にしていました」（館山昌平）

では、チームを率いていた真中満監督はこのフレーズをどのようにとらえていたのか？

「あぁ、《ヤクルトスタイル&ヤクルトスマイル》に関しては、選手とコーチがやっていることなので、僕はノータッチですね。多少、おチャラけた部分もある言葉なので、監督が一緒になって賛同することはしない方がいいのではないかと。そこはちょっと距離をとりました。でも、確かにチーム内では流行《はや》りましたね」

ひとつのフレーズがきっかけとなって、チーム全体が一気にまとまることは、しばしば起こり得る。15年のセ・リーグ制覇の陰には、確かにこのフレーズの存在があった。

現役選手たちの考える「ヤクルトらしさ」

選手たちに「ヤクルトスタイル&ヤクルトスマイル」の意味を聞いているとき、改めて「ヤクルトらしさって何だろう?」と思った。

よく考えてみれば、ここまで数々の現役選手&指導者、そしてOBたちに話を聞いてきたけれど、僕の頭の中にずっとあったのは「どうして、ヤクルトってこんなに魅力的なのだろう?」という思いだった。

ここで、ようやく「序章」で掲げ、その後も折に触れて感じてきた「僕は、どうしてヤクルトが好きなのだろう?」という当初の疑問にテーマは戻るのである。

これまでの取材を通じて僕は「ヤクルトらしさって、何だと思いますか?」と、各人に尋ねてきた。それぞれの人たちが、どんなことを答えていたのか。列挙してみたい。

高津コーチは言った。

「ヤクルトらしさ? うーん、まずは明るいチームということですよね。それに、現場の人とフロントの人との距離感が近いと思いますね。監督とコーチもそうだし、ユニフォーム組と背広組と呼ばれるフロント陣との距離感が近い。みんながフランクに話し合える環境がある。それがヤクルトらしさなのかな?」

93年の鮮烈なデビューが印象的な伊藤智仁投手コーチにも同じ質問を投げかける。

彼はヤクルト入団以来、17年時点まで一度もユニフォームを脱いでいない。ケガによる長期のリハビリ期間はあったものの、四半世紀にわたってヤクルトひと筋でここまで生き抜いてきた。

「他球団のユニフォームを着たことがないので何とも言えないけど、我々が現役のときは本当に明るい、そこまで厳しくない、言い方を変えればちょっと緩い部分もあったと思いますけど、それでもグラウンドに立つと目の色が変わっていました。でも、グラウンドから離れると、みんなでバカを言ったりメリハリのあるチームでしたね。今もそうだけど。それが、《ヤクルトらしさ》なのかな？」

やはり、「明るい」というのはみんなが抱く共通項なのだ。

雄平は言う。

「真面目ですね。仲がいいというのはぬるま湯のように見えるかもしれないけど、そういうことでもないです。やっぱり、みんな野球に対してすごく熱いし、必死だし。和気あいあいとしているけど、野球に対しては意識が高くて、すごく真面目。それがヤクルトのチームカラーだと思いますね」

なるほど。確かにヤクルトには真面目なイメージが強い。明るさの中にあるひたむきな姿こそ、ヤクルトの魅力なのかもしれない。

15年シーズンに、トリプルスリー達成で大ブレイクした山田哲人は、当然世間の注目を一身に浴びることになった。写真週刊誌『ＦＲＩＤＡＹ』に山田がスクープされた際、一緒に誌面に載ったのが上田剛史だった。しかし、そこには「上田剛史」という活字はなく、「知人男性」と称され、上田の顔写真には「一般人」扱いで目線までつけられていた。

以降、上田はたびたび自虐ネタとして、自らを「知人男性」と称している。

「他球団にも仲のいい選手はいますけど、彼らからは〝ヤクルトを見ていると本当に仲がよさそうだし、すごく楽しそうに見える〟って、よく言われますね。実際に僕も入団してみて、本当にみんなの仲がいいし、試合に出ているときは先輩たちが応援してくれるし、自分がベンチにいるときにも試合に出ている人たちを応援したり、リラックスさせるために冗談を言ったり、ベンチの雰囲気がいい明るいチームです」

そんな上田が考える「ヤクルトらしさ」とは？

「選手、コーチ、監督、みんなの笑いが絶えない明るいチームだと思いますね。いつも、三木（肇《はじめ》）コーチに、〝楽しくやる中に真剣さを出せ〟って言われるんですけど、まさにそういうチームですね。すごくメリハリもあって、野球のときは一生懸命、野球を離れたらみんなで楽しく。若手もベテランも仲がいい、それが、僕の思う《ヤクルトらしさ》です」

楽しくやる中で真剣さを――。

なるほど、それもまた「ヤクルトらしさ」なのだ。

ミスタースワローズの象徴である背番号《1》を受け継いだ山田哲人は言う。

「ヤクルトらしさって、《ファミリー》って感じですかね。入団前から、ファミリー球団とかよく聞きましたし、フレンドリーな感じなのかなぁって。実際に入ってみて、やっぱりファミリーでした（笑）。実際、ロッカーとかではすごく楽しいですし、そうかと言って、練習場、球場に入るとオンとオフがハッキリしているというのは感じましたね。そういう部分でもヤクルトに入ってよかったなと思いましたね」

子どもの頃は巨人ファンだったという山田は、さらに続ける。

「かつて巨人ファンだった僕にしてみたら、ヤクルトは嫌なイメージありましたね。有名な選手とか多いですし、〝いい選手がいっぱいいるなぁ〟と思いながら、ファンとして見ていました。なんか、しぶとい感じのイメージでした（笑）。実際に入団してみると、先輩たちも、気さくに話しかけてくれましたし、すごい居心地がよかったんで、いいチームだなと思いましたね」

そして山田は総括する。

「僕が考えるヤクルトらしさって、〝雰囲気がいい〟っていうことじゃないですかね。自分としては、本当居心地がいいんで。ヤクルトでよかったと思います」

短い間に「居心地がいい」というフレーズが二度も飛び出した。さらに、「ヤクルトに入ってよかった」という言葉も続けざまに放たれた。

球界の至宝が、いつまでもミスタースワローズとして、背番号《1》を背負い続けてくれることを願う半面、第4回WBCでは侍ジャパンの中心選手として存在感を誇った山田哲人は、世界の舞台でどこまで進化を遂げるのか、その雄姿を見届けたいという気持ちも一方にある。それが偽らざる僕の今の心情だ。

ヤクルトファンの僕と、野球ファンの僕が、激しく火花を散らして戦っている。

本当の「ファミリー」とは、きちんと結果を出すこと

投手陣の柱であり、200勝を目指してさらなる挑戦を続けている石川雅規は言う。

「よく、〝ヤクルトはファミリー体質だ〟って言われますよね。これは一つ間違えると、ただの《仲良し集団》になる可能性があると思うんです。実際にそういう風に思っている人もいるかもしれないし。でも、そう思われたくなかったから、15年は優勝できたと思うんです。やっぱり、結果が出ないと、周りからは〝仲良しこよしだからだ〟と批判されますから。僕らは結果がすべての世界に生きているので……。だから、大切なことは明るい中で結果を出すこと。強いヤクルトをもう一度作っていくことで、本当の《ファミリー球団》になれると思っています」

02年に入団した石川は15年まで一度も優勝を経験できなかった。だからこそ、少しだけ

意地悪な質問を投げかける。

——それでは、15年に自身初めての優勝を経験するまでは、「本当のファミリー球団」ではなかったということですか？

「はい、僕が小さい頃にヤクルトに抱いていた、《明るく、みんながニコニコしているチーム》というイメージは先輩たちが築いてきて、それは今でも続いています。でも、僕が入団してから一度も優勝していないのは悔しかったです。僕自身が優勝を経験したことで初めて、〝あぁ、本当にいい球団に入ったんだなぁ〟と実感しましたね」

若松監督時代、日本一に輝いた翌年の02年にヤクルト入り。

以来、「すぐに優勝できるだろう」と思い続けて、すでに15年以上のときが流れた。公称167センチメートルの「小さな大投手」が口にした「本当にいい球団に入ったんだなぁ」というフレーズが、何度も何度も僕の胸に響いていた。

（そうだよ、ホントにヤクルトはいい球団なんだよな……）

石川に続いて、ストイックに野球に取り組み続ける館山昌平にも同じ質問をした。

「自然体で野球ができることじゃないですかね。特別、気取っているわけじゃなくて、誰もが本音をぶつけ合いながら、それでいて派閥があるわけじゃなく、みんなで一丸となって、みんなで協力し合って……」

——他球団のユニフォームを着たことがないので比較は難しいとは思いますが、「ヤクルトだけの特徴」ってあると思いますか？

「うーん、それは難しい質問ですね。ただ、いいときも悪いときも、どんなときでも一つになれる。これはヤクルトの大きな特徴だと思います。悪いときには一致団結して、みんなで前を向く。いいときでも、緩めすぎることなく、締めるところは締めていく。誰かがミスをしても、その失敗を自分のことのように考えて次の試合に挑む。すべてのことに関して、みんなで共有している。そういう感じがありますね。やっぱり、それが自然体という気がしますね。それに、みんな今でも野球がうまくなりたいと貪欲なんですよ」

——プロになり、優勝を経験してもなお貪欲なんですか？

「変わらないですねぇ、みんな野球少年のままです。〝今よりももっとうまくなりたい〟とか、〝もっと上を目指したい〟って。山田（哲人）だって、トリプルスリーを達成してもなお、その上を目指しているし、ライアン（小川泰弘）もそうですし、秋吉（亮）だって、球団記録となる年間登板数を記録したのに、〝もっと投げたい〟と言っていますからね。もちろん、僕だってまだまだうまくなりたいですから」

ヤクルトらしさは「自然体で野球ができること」——。

本当に十人十色の表現方法があって面白い。

就任1年目で最下位から優勝を勝ち取った真中満監督にも同じ質問を投げかけた。

「うーん、確かに選手同士はすごく仲がいいと思いますね。いい意味で本当に仲間意識が強い。〝みんなで力を合わせて頑張っていこう〟というのは、昔からのいい流れだと思います。あと、選手時代は気づかなかったけど、監督になって初めて、本社との距離感が近いことを知りました。たとえば、本社に行ってオーナーとお話しさせてもらったり、本社では社員の多くが優勝を祝福してくれたり、全国の関係者が激励をしてくれたりしていることを感じる機会が多くなりました」

そして、真中監督もチームの印象を語る。

「入団前は、古田（敦也）さんとか、池山（隆寛）さんとかがいて、チームワークのいいすごくアットホームなチームだというイメージがありました。入団してみたら、そのイメージのままですね。先輩と後輩がうまくコミュニケーションがとれるいいチームでしたけど、誤解してほしくないのは、やっぱりプロの集団ですからチームとしてはまとまりつつ、個々人としてはライバル意識も持っているということです」

ファミリー的である一方で、仲間内ではライバル意識を持ち、切磋琢磨しながら技術を磨き合う。そして、決してぬるま湯にならぬように、締めるところは締める。

それが現役ユニフォーム組に共通する「ヤクルトらしさ」なのかもしれない。

「松園イズム」こそ、ヤクルトらしさ

続いては70年代から80年代にかけて現役で、78年のチーム初の日本一も知り、80年代の弱小時代も知る男たちにも、「ヤクルトらしさ」を尋ねてみた。

まずは石川雅規以前の「元祖・小さな大投手」、安田猛に聞いた。

「私は現役を引退した後、コーチやスカウト、スコアラーなど63歳までヤクルトにお世話になりました。だから、ヤクルトらしさとは、《選手を生涯にわたって面倒を見てくれる愛情のある球団だ》ということです」

——よく、「ファミリー体質だ」と言われていますよね。それは、かつての松園尚巳オーナーの人柄、方針が反映されたものなのですか？

「そうです、まさにそういうチームです。年俸の多い、少ないで待遇面の差別をしたくなかったんです、あの人は。移動のときにも、〝みんなで同じスーツを着なさい〟と言って、給料の少ない若手選手たちのために、全員に移動用のブレザーを支給してくれました。僕

の給料が上がっていったときにも、〝外車は乗るなよ、国産車にしろ〟って、いつも言っていましたね。でも、なぜか、〝もしも外車に乗るなら、フォルクスワーゲンならいいぞ〟と言っていました。理由を聞くと、〝小さいからいいんだ〟と言われました（笑）」

——全国のヤクルトレディが「一本、一本、手売りで販売しているんだということを忘れるな」と言っていたと聞きました。

「そうです、いつもそうおっしゃっていました」

——その一方で、「ヤクルトが売れなくなると困るから、巨人には勝たなくてもいい。2位でもいい」と発言したとも聞きました。これは本当なのですか？

「うん、本当。えらい問題になったからね（笑）。最後まで巨人と優勝争いをすれば神宮球場にお客さんが集まるし、優勝しなければ選手の給料もそんなには上がらない。それでヤクルトが売れればいいと考えたのかな？　ぽろっと新聞記者に話したことが漏れたのかもしれないね」

——安田さんは個人的には松園オーナーとの接点はあるんですか？

「もちろんあります。プロ1年目のオフに結婚したときに、〝新婚旅行はどこに行くんだ？〟と聞かれて、〝四国に行きます〟って言ったら、〝ハワイにしろ！〟って言って、全額負担してくれたんですよ。新人王を獲ったお祝いだったのかもしれないね。当時は、日付変更線を越えると、〝日付変更線通過証明書〟が機内でもらえたんだよね」

——その当時の「松園イズム」は、現在も残っていると思いますか？

「思いますよ。だって、今でも多くの仲間が球団に残ってチームのために働いていますからね。それに、球団以外にも本社にもたくさんの元選手がいます。そういう意味でも、ファミリー的な雰囲気は今でも残っていると思います」


70年代から80年代前半の正捕手として、ヤクルト初優勝を支えた大矢明彦も、松園尚巳オーナーに恩義を感じている人物の一人だった。

「現役中もいろいろお世話になったけど、忘れられないのは現役引退時のことですね。引退後すぐに、球団からは二軍監督のオファーをいただいたんですけど、僕はヤクルト以外の世界も見てみたかった。だから、せっかくのオファーをお断りしたんです。自分のわがままでお断りしたわけだから、球団には頼らずに自分のツテをたどって評論家として生きていく道を見つけました……」

——それでフジテレビとの専属契約を結んだのですか？

「いえいえ、実は最初は他のテレビ局で解説する予定で、新聞も、テレビも、ラジオも全部決まっていました。当時のヤクルト・松園尚巳オーナーに報告に行こうと思っていた前の晩にヤクルトの秘書室から電話がかかってきて、〝オーナーが呼んでいる〟と言われました。すぐに行ってみると、〝今後の就職先は決まったのか？〟と聞かれたので、〝はい、決まりました〟と報告したら、すぐに〝球団社長を呼べ〟ということになって、その場でフジテレビ、ニッポン放送、サンケイスポーツに電話をして大逆転（笑）」

――自分と縁のある選手は、最後まで面倒を見たいという考えだったのでしょうか？

「おそらく、そうだと思いますね。本当に面倒見のいいオーナーだったし、面倒見のいい球団だと思います」


第四章で述べた70年代の大エース・松岡弘も球団に対する愛着は人一倍強い。

「僕の引退試合のこと、覚えてる？」

松岡さんの言葉に、僕は大きくうなずいた。忘れるはずがない。85年10月23日、「涙の神宮、引退試合」のことを。ちなみに、この日は高仁秀治《たかにひではる》がプロ第1号満塁ホームランを放って、松岡さんの負けを帳消しにしている。その結果、松岡さんは通算191勝190敗で、一つの貯金を作ったまま引退することができたのだ。

「あの試合の数日前に、〝この日で松岡は引退する〟と新聞記者に発表して、記事を書かせたのは松園オーナーでした。そのおかげでシーズンも最後の試合なのに、多くのお客さんが声援を送ってくれたからね」

続けて、「オーナーから教わったこと」を教えてくれた。

「最初は社会常識からだったよね。プロ野球選手であっても、ひとりの社会人なのだからね。〝外車に乗るな〟というのもオーナーの教えだよね。これはプロ野球選手というのは確かに高給取りかもしれないけど、一般の人とかけ離れた生活をするのではなく、人と同じ生活を忘れないことを説いていたから。覚えているのは〝野球選手というのは人気商売だ。でも、お金を稼ぐことが人気商売ではない。自分の力を存分に発揮してファンの人に認めてもらう。それが人気商売なんだ〟という言葉です」

実に含蓄のある深い言葉だ。つい、「いい言葉ですね」と僕は口にする。

「そうだろ？　本当にいろいろなことを教えてもらったね。オーナーは高給選手の年俸はなかなか上げてくれなかったけど、若い選手の給料は積極的に上げていたよね。球団内で格差を大きくしたくなかったんだと思うよ。だから、若手のためにブレザーを全員に支給したり、現役引退後にはヤクルトの各販売会社で第二の人生の面倒を見たんだと思う」

そうか、確かに松岡さんだけではなく、若松さんも同様のことを言っていた。それにしても、「球団内に格差をつけたくない」というのは、すごい発想だ。

ファミリー体質と言われるだけあって、「家族の間に差をつけたくない」ということなのだろう。実力がすべてのプロ集団としてはなかなかできる考えではない。だからこそ、しばしば「ぬるま湯体質」という批判が起こり、実際にそういうマイナス面もあったのだ。

「だって、松園さんの時代は入団時にすでに〝引退後の面倒は見る〟って約束していたみたいだよ。僕はサンケイ時代の入団だったから、言われなかったけど（笑）」

――ヤクルトのチームカラーとはどんなものだと思いますか？

「よく〝家庭的だ〟って言われるけど、僕はそうは思わないな。みんな、それぞれが切磋琢磨しているから。明るく、楽しく、結果を残せ。それがヤクルトのチームカラーだと僕は思うけどね。規則や規律でがんじがらめにする球団じゃない。でも、プロとしてきちんと結果は残しなさい。お客さんにきちんとサービスしなさい。それが松園オーナーの方針だったと僕は思いますね」

明るく、楽しく、結果を残せ――。

実に明快な方針だ。楽しいチームじゃないか、明るくて、楽しくて、結果も残すなんて。

――ヤクルトはトレードも極端に少ない球団でしたけど、松岡さんにトレード話がもたらされたことはなかったのですか？

「ありましたよ。よく、新聞に《松岡、放出か？》みたいな記事はありましたから。でも、僕は球団には〝トレードするなら引退します〟って言ってましたから。そう言って、脅しをかけたきらいはあるね（笑）。だって、ヤクルトが好きだから」

――現在のようなFA制度があれば、「自分を高く売る」ということもできるし、よりよい環境を求めることもできますよね。でも、そういうことは考えなかった？

「たとえ、当時FA制度があったとしても移籍は考えないね。僕を育ててくれたのはヤクルトだし、松園オーナーだし、いろいろな人のお世話になっている球団だから。ヤクルトの仲間相手に投げたくなかったし、《ヤクルトの松岡》の印象のまま引退したかった。選手として、自分を高く売る。そういうビジネスはできなかったね（笑）」

元広島の黒田博樹が国内球団ではなく、アメリカに行くときに「広島の黒田」のイメージを大切にしたいと発言したことを、僕は思い出す。

元祖・男気、松岡弘。さすが、『男道』を作詞作曲した男だ！


一方、ミスタースワローズ・若松勉にインタビューをしたときのこと。取材が終了し、雑談となった際にこんなやり取りがあったことを僕は思い出す。

――もしも、若松さんの現役時代にFA制度があったら、巨人に行きたかったですか？

「いいえ」

即答だった。続けて、「どうしてですか？」と尋ねてみる。

「だって派手でしょう、巨人は。派手なところは苦手だから……」

――ヤクルトは地味ですか？

「地味でしょう、どう考えても」

これも即答だった。若松さんの言葉を聞いて、僕は「確かに」と大きくうなずいた。少々地味かもしれないけど、明るく真面目に野球に取り組み、いざとなったらひたむきに一致団結して、結果を残す。それもヤクルトのチームカラーなのだ。

バイプレーヤーたちが考えるヤクルトらしさ

海星高校時代に「サッシー」と称され、超高校級の評価を受けて77年にドラフト1位でヤクルトに入団した酒井圭一にも、松園オーナーの思い出を聞いた。

「松園オーナーに初めて会ったのは入団発表のときですね。同じ長崎出身だというのはドラフト指名されてから知りました。オーナーは毎年ユマキャンプにも来ていましたね。契約更改のときなど、オーナー室に呼ばれて話を聞くんですけど、緊張しすぎて椅子に座っているのに足がしびれたこともありましたからね（笑）」

インタビューを続けていると、酒井は言った。

「80年代のヤクルトは弱かったけど、みんなの仲はよかったよね」

そこで、改めて尋ねる。

――どうして80年代は弱かったのでしょう?

「別にバラバラではなく、チームのまとまりはありましたからね。単純に個々の力がなかっただけですよ。ヤクルトってトレードもなかったし、みんなが仲もよかったし……。だから弱かったのかもしれないよね（笑）。他の球団がどうかはわからないけど、居心地のいいチームであることは間違いないよね」

――でも、90年代に入るとヤクルトは強くなってきますね。

「ヤクルトは野村さんになってから変わりましたね。元々、真面目なチームだったけど、より勉強熱心、研究熱心になって、相手チームを研究することが、より多くなりましたね。それまでは自分さえよければという感覚がありましたけどね。でも、野村さんになって、自分を知る、相手を知るという考えが身につきました。それは、その後の若松監督、古田監督にも続いていると思いますね」

――ヤクルトが「ファミリー球団」だと言われていることはどう思いますか?

「ヤクルトが《ファミリー球団》だと言われていたのは松園オーナーの時代までですよね。それ以降は、オーナーが口を出すことはほとんどなくなって、監督が自由にやりたいことができるようになったと思います。でも、強くなるにはそれも必要なことじゃないのかな？　それでも、昔のヤクルトと今のヤクルトは時代は変わってもつながっていますよ。ヤクルトのよさはずっと続いていますよ」

文字通り「渋い脇役」として活躍した渋井敬一も80年代を振り返る。

「うーん、80年代に限って言えばヤクルトらしさはなかったんじゃないのかな？」

まさかの意外な返答。その理由を聞いた。

「だって、あれだけ短期間で監督が変わっていたらチームカラーもできないですよ。〝さぁ、これから〟という時代に上が変われば、また新しくやり直さなくちゃいけないから。そういう時代が80年代だったんだと思いますね」

武上、中西、土橋、そして関根――。

80年代を彩った歴代監督、監督代行の顔が、僕の脳裏に鮮やかによみがえった。

若い頃から「いぶし銀」としてサードを守り続けた角富士夫。僕にとっては「ヨン・ニーロク決戦」を体験させてくれた恩人も「ヤクルトらしさ」を語ってくれた。

「明るいチームですよね。みんなで野球を楽しんでいるチーム。仲間意識が強くてすごく仲がいい。それがチームカラーじゃないのかな？　本当にいいチームだと思いますよ」

　誰の口からも、「明るい」「真面目」「いいチーム」といった言葉が発せられた。

巨人を知る広沢克己の貴重な意見

　ここまで、「ファミリー礼賛」コメントのオンパレードだが、唯一、「ファミリー体質」に対して苦言を述べた男がいる。それが、広沢克己だった。

　広沢に「ヤクルトのチームカラーは？」と尋ねると強い言葉が続いた。

「松園さんがまだ生きていた頃、ヤクルトに入った人は最後まで職員として面倒を見ていました。それがファミリー体質だったと思うんですよ。だから、野球が終わっても何らかの形でヤクルトの職員になったり、球団に残ったりできると。でも、それは本当の意味でのプロじゃないよね……」

　一刀両断だった。そして、それは僕もかねがね思っていたことだった。

「……その姿勢はプロ集団としてのものではないよね。プロ野球チームにとって、本当のファミリーっていうのは勝つためにどうするかをきちんと考えるのがファミリーで、〝ヤクルトに入れば、引退後も安心だ〟って考えるのは違うと思いますよ。あの頃は社会、会社が終身雇用の時代だから、それに則った考えなのかもしれないけれど……」

広沢の話はなおも続く。

「……終身雇用のあの時代ではそれでよかったのかもしれない。そうやって球団に残れる人は、そういう意味では非常に助かったのかもしれない。でも、ヤクルトの職員になることが、その人のその後の人生で、いいことかどうかわからないと僕は思いますけどね……」

僕は夢中で広沢の話に耳を傾ける。

「……まだまだ景気もよく、いろんな可能性のあった時代に、ヤクルトを販売することが幸せなことなのかどうか。もちろん、当時のオーナーはそれが幸せだと思ったわけだし、それは優しい心遣いだったと思いますけど」

当時、広沢はオーナーや会社上層部からいろいろと注意をされたという。

「当時、いろいろなことを言われました。〝ヤクルトは1本何十円の単位で売っているのだから、外車は禁止、派手なことをするな、派手な洋服着るな〟って。それは、〝現役時代に派手な生活に慣れることで、野球が終わったときにみじめにならないように〟って意味だったけど、今から考えれば、〝そんなの余計なお世話だ〟という部分もあるよね。だって、僕たちはプロ野球選手でしょ？　そんな選手に子どもたちは憧れますか？　ただ、あの頃は〝そういうものなのかな？〟って思っていたけど……」

広沢の発言は、いちいち正論だった。「ファミリー体質」のデメリットをことごとく的確に指摘した発言だった。

しかし、一点だけ、決定的に僕の考えとは違うところがあった。

確かに「いい成績を残せば、たくさんの金を稼げて、贅沢な生活ができる」というのはプロ野球選手らしいし、「頑張れば報われる」というアピールも必要だとは思う。

でも、かつての僕がそうだったように、そして若松さんが言っていたように、地味さに落ち着きを見出し、派手すぎることを嫌うファンも少なからず存在するのだ。

僕は地味で質素なヤクルトの雰囲気に、なぜか惹かれた。

決して、派手ではないけど、コツコツとヒットを打ち続ける若松さんの姿に憧れを抱き、その思いは不惑を過ぎても変わっていない。広沢の話はさらに続く。

「……僕がヤクルトに入ったときは、まだそういう考えでしたね。それが、関根さんが監督になり、野村さんが入って、考え方も変わってきたように思いますね。野球をやっている間は球団の管理の中にあるけども、野球が終わった後は、もちろん球団に残ってもいいだろうけども残らなくてもいい、自己責任ですよね。好きなことやって、別にラーメン屋をやることが恥ずかしいことじゃないし、当時スナックのマスターになる人が多かったんだけど、それも別にいいことだろうし、何をやってもいいと思う。まあ、時のオーナーはそれが不憫に思えたんだろうね」

広沢は95年にFA権を行使して、巨人に移籍。そして、00年からは野村克也監督率いる阪神に移籍。ヤクルト、巨人、阪神で四番を務めた唯一の選手となった。

——巨人時代、「外から見たヤクルト」とは、どのように映っていましたか？

「やっぱり、背負っている歴史や使命というものが違ったと思いますね。たとえば、何のためにペナントレースを戦うのか？　ヤクルトも巨人も、もちろん《優勝するため》です。じゃあ、何のために優勝するのか？　ヤクルトの場合は、〝勝ってはしゃぎたい、楽しみたい、いいオフにしたい、優勝旅行もしたい、たまにテレビに呼んでもらいたい〟なんです。でも、巨人の場合は、〝まずは使命を果たしたい〟という思いなんです。だから、ジャイアンツは優勝して、〝あぁ、責任を果たした〟って、ホッとするんです。喜びの前に、まずはホッとするんです」

なるほど。体験した人にしかわからない言葉だ。

——「巨人軍は紳士たれ」という正力松太郎氏の遺訓は今も生きているのですか？

「現在がどうかは僕にはわからない。でも、僕が在籍していたときには生きていました。だから、逆の立場でヤクルトを見たときには〝自由でいいな〟と思いましたね。たとえばね、巨人は《茶髪禁止・ヒゲ禁止》っていうでしょう？　〝それぐらい別にいいじゃないか〟って思う人もいると思います。でも、巨人の場合はそうじゃないんです」

——どう違うのですか？

「プロ野球選手として、老若男女、お年寄りも見ていれば、若い人も見ているし、男だけではなく、女の人も見ている。たとえば茶髪やヒゲや身だしなみ、8割ぐらいの人は〝別に気にならない〟と言うかもしれない。でも、もしかしたら2割ぐらいの人は〝不潔だ〟と考えるかもしれない。ジャイアンツの場合は、その支持しない2割の人のことを考えるんです。《伝統》って、そういうことなんだと思いますね。ジャイアンツにはそういう歴史がある。ドレスコードが確かに存在する。でも、ヤクルトにはなかった。その存在すら感じたことがないかも知れない。少なくとも僕はヤクルト時代に感じたことはなかったです」

——阪神の場合は、伝統、歴史、規律はどうでしたか？

「やっぱり、ジャイアンツほどのものはないですよ。阪神の場合は大阪独特の文化があるので、当然、巨人とはまた違うものでした」

これまで僕は、主に「ヤクルトひと筋」「生え抜き選手」たちばかりに話を聞いてきた。しかし、球団から離れ、しかもライバル球団である巨人のユニフォームに袖を通した広沢ならではの視点は、ヤクルトの「自由さ、明るさ」を逆照射する一方、「伝統、歴史、規律」の希薄さを浮かび上がらせることにもなった。

だからこそ、両者を比較した上で、僕は言いたい。

——やっぱり、ヤクルトが好きだ！

緩さと厳しさのバランスを

さて、そろそろ「ヤクルトの魅力を探る旅」も終わりが近づいてきた。同い年であり、心から尊敬する宮本慎也に尋ねてみる。

——ヤクルトのチームカラーについて、みなさんにお話を聞いているんですけど、宮本さんはどう考えますか？

「ずっと《ファミリー球団》と呼ばれてきているわけだから、そういう雰囲気は確かにあります。だから、あんまり厳しくするのはダメなのかもしれないですね。明るく、楽しく、放任主義で自主性に任せる球団だと思いますね。そういう意味では、僕はヤクルトにはふさわしくないのかもしれないですけどね（笑）」

——確かに、これまでの宮本さんの発言にしても、プレースタイルにしても、「明るく楽しく」よりは、「厳しく真剣に」という側面が強いですよね。引退会見でも、「プロになってからは一度も野球を楽しんだことはない」と言っていましたね。

「僕がやってきた野球というのは、いつも厳しい中でやってきた野球なんです。ヤクルトのよさは確かに、のびのび野球だけど、それをしっかりと締めていたのが野村監督だったんです。監督が球場に入ってきたら、すぐにピリッとしましたし。相手と戦う前に、まずは野村監督と戦っている感覚もありましたからね。僕自身もそういう野球観の人間なので、監督の考えはよく理解できました」

宮本にはもう一つ聞きたいことがあった。

——ヤクルトの魅力である「ファミリー体質」はどうしても「緩さ」を生み出しがちですが、「緩さと厳しさ」のバランスはどうしたらいいと思いますか？

「確かに、ヤクルトのチームカラーは《ファミリー》と言われるだけあって、明るく溶け込みやすいんですけど、間違いなく《緩さ》もありますよね。でも、強いときというのは《緩さと厳しさ》のバランスがとれていて、メリハリがありました。それが崩れていちばん大変だったのが、08年でした。あのときは誰にも相談できずに辛い時期でしたね。そういう意味では、野球観が近い相川（亮二）が、09年にヤクルトにFA移籍してくれたのは、僕にとっては非常に大きかったですね」

——04年のアテネオリンピックを通じて、当時横浜の相川選手、西武の和田一浩選手、巨人の高橋由伸選手との信頼関係が強まったそうですね。

「彼らの野球観とは近いものがありますね。やっぱり、ジャイアンツの選手というのはすごくしっかりしていますよ。それは高橋を見て、上原（浩治）を見て感じましたね」

僕は広沢の言葉を思い出す。

――巨人というのはやはり特別なのですか？

「意識の高さ、プライドの高さというのは間違いなくいちばんだと思いますね。負けたら、どれぐらい恥なのかということをいちばん知っているのもジャイアンツの選手だと思います。ヤクルトというのは、たとえ負けても極端に叩かれることはないですから。僕自身、全日本のときとヤクルトのときとでは、正直、プレッシャーの度合いは違いました。でも、ジャイアンツの選手というのは、おそらく全日本であろうと、普段のジャイアンツの試合であろうと、プレッシャーはそんなに変わらないと思います」

――その点はヤクルトと巨人の大きな違いなのですね。

「それぞれのチームカラーがあるので、自由は自由でいいと思うんです。でも、〝ここだけは譲れない〟という最低ラインはあった方がいいと僕は思います……」

広沢が言った「ジャイアンツにはドレスコードがある」という発言を思い出す。

「……アメリカでも強いチームは練習するときの格好から違いますよね。ある程度の身なりというのはやっぱり大事でしょう。ありがたい話、僕はPL、同志社、プリンスと名門で野球をやらせてもらったので、そういうことが気になるのかもしれないですけど（笑）」

――ゆとり世代ではないけれど、これからの若手選手との接し方というのは、また新たなアプローチが必要になるかもしれないですね。

「そうですね。時代によって、考え方が変わっていくのは当然でしょうね。でも、大先輩方が築き上げてきたものは取っ払ってしまってはいけないと思うんです。〝昔の考え方は古い〟というのではなく、いい部分はきちんと残さなければいけないし、守っていかないと。それが、最低限の《厳しさ》だと思うんです」

この発言を聞いていて、改めて「自分がどうして宮本慎也に惹かれるのか」を理解していた。「時代錯誤だ」「古い考えだ」と言われようとも、たとえ古くとも、現代まで続いてきたものにはそれなりの理由があるのだ。「明るく楽しいアットホームな野球」に、そこに「厳しさ」が加味されたときに、本当の強さが宿る。石川雅規の言っていた「本当のファミリー球団」になれるのだと、僕は確信した――。

＊

長年にわたって、「ヤクルトはファミリー体質だ」と言われ続けてきた。故・松園尚巳オーナーの方針もあって、アットホームな球団だったのは間違いない。

しかし、戦う集団、プロ球団として、そのスタイルは必ずしもいいことばかりではなかった。家族的な温かい空気は、ときとして甘えや緩さにつながる。それはすぐになれ合いを生み出し、負けても悔しくないという負けグセ、負け犬根性を簡単に醸成する。

管理野球を掲げた広岡達朗監督の下、チーム初優勝を飾った78年を知る男たちは、「監督への反発心でチームが一つにまとまった」と言った。

そして、ＩＤ野球を標榜する野村克也を招聘して黄金時代を築いた90年代を知る選手たちは、「相手と戦う前に、まずは監督との戦いがあった」と口にした。

広岡も野村もヤクルトに「厳しさ」をもたらしたのだ。

その一方で01年には若松勉が、そして15年には真中満が、生え抜き監督としてチームを優勝に導いた。前述した広岡、野村とは対極にある若松、真中ののびのび野球。

過去7度のリーグ優勝は、つまりは「緊張と弛緩の歴史」でもあった。

両者が絶妙なバランスを保ったときに、チームは栄光をつかむのかもしれない。

ファンとしては、ヤクルトが強い方が嬉しいし、負ければ悔しい。

それでも、と僕は思う——。

チームは強いに越したことがない。けれども、だからと言ってどこかの球団のように、なりふり構わぬ補強を続けて常勝軍団となることを僕は望まない。

これまで何度も繰り返し述べてきたように、僕が思春期真っ只中にあった80年代のヤクルトは弱小時代のど真ん中を歩んでいた。神宮球場に行っても、何ともふがいない敗戦を目の当たりにすることで鬱屈した思いはさらに倍増した。

それでも、いや、だからこそ、たまの勝利が嬉しかった。若松勉の一本のヒットや池山隆寛の特大ホームランに歓喜したし、尾花髙夫が、荒木大輔が奮闘する姿に胸を打たれた。

こんなことを言っては怒られるかもしれない。でも、僕の率直な思いを言おう。

僕は勝ったり、負けたりを繰り返すヤクルトが好きなのだ。

そして、できるならば他球団よりも少しだけ多く勝利して、毎年とは言わない、数年に一度、歓喜のビールを呑ませてくれるだけで、僕は十分満足なのだ。

勝って浮かれず、負けてへこまず――。

これが、僕がヤクルトから学んだことだ。僕はこれからも神宮球場のライトスタンドに腰を下ろして、日々、一喜一憂を繰り返すことだろう。

ヤクルトスワローズのある芳醇な暮らし。

僕は、これからもヤクルトを応援し続ける――。

終章　いつも、気づけば神宮に

沖縄県浦添市――。
今年もヤクルトキャンプにやってきた。スタンドに腰を下ろして
オリオンビールをのどの奥へと流し込む。風はまだ肌寒いけれど、
それでも東京よりはずっと日差しは強い。

「あぁ、今年も野球が始まるなぁ……」

高揚感に包まれているためなのか、胸の内の思いが、つい口をついてしまう。

目の前のバッティングケージでは、背番号《36》が力強いスイングで豪快な打球を放っている。きれいな放物線を描いて打球はレフトスタンドへと消えていく。それを背後で見守っているジャージ姿の小柄な男性。僕は手元の双眼鏡をのぞき込む。

やっぱりそうだ。キャンプ期間の臨時コーチを務めていた若松勉だった。快音を響かせながら、背番号《36》はなおも気持ちよさそうにバットを振っていた。

廣岡大志──。

智弁学園高校から2015(平成27)年ドラフト2位でヤクルトに入団。期待の大型遊撃手として、背番号《36》を与えられた。そう、それはかつての「大型遊撃手」である池山隆寛が背負っていた番号だ。

一方で、その打撃フォームは山田哲人にソックリだ。新聞紙上に

「山田二世」の文字が躍っているのもうなずける。池山の背番号を背負って、打撃フォームは山田にうりふたつ。それを見守っているのが若松さん。まさに、「ミスタースワローズの系譜」、そのものだ。

思わず僕は夢想する。

池山と山田がそうだったように、近い将来、廣岡はミスタースワローズの象徴である背番号《1》を与えられるのではないだろうか？　神宮球場で大ホームランをかっ飛ばし、三遊間を破ろうかという強烈なゴロをダイビングキャッチし、満員のファンの前でヒーローインタビューに応えている新たな背番号《1》の姿が鮮明に僕の脳裏に浮かんでくる。

神宮で躍動する廣岡の姿を一日でも早く見たい。

ヤクルトファンにとって、神宮球場は特別な場所だ。もちろん、それは僕にとっても同様で、人生でもっとも足を運んでいる球場に対する思い入れは強い。

編集者からの依頼を受けて、神宮球場をイメージしながら、次のような短いエッセイを書いたことがある。

＊

【いつでも、そこに――】


はやる気持ちに、自分の足がうまく追いつかない。前につんのめりながら、何度も転びそうになりながら、息せき切って階段を駆け上がり、踊り場まで来ると一気に視界が開ける。大きな月が浮かぶ夏の夜空に映える鮮やかな人工芝のグリーンと、巨大な照明塔のカクテル光線。そして興奮のために上気した表情の大観衆……。

一瞬、目がくらむ。暗いところから明るい場所に出たせいなのか？　それとも、「これから野球が始まる」という内なる興奮のためなのか？

ダイヤモンドを見渡すと、目の前には白地に赤いストライプの入ったユニフォームを着て躍動する選手たちの姿が目に飛び込んでくる。

（あぁ、野球場だ……）

その瞬間から、僕はしばらくの間、夢見心地のときを過ごすのだ。三十数年前に初めて神宮球場を訪れたときの興奮を今でも忘れることができない。少年の頃に覚えた、何とも言えない高揚感は不惑を迎えた今も変わらず、僕の胸に息づいている。

あの頃はコーラ片手の応援だったけれど、今はビールを呑みながらの観戦となった。目の前で躍動していた背番号《1》は、「小さな大打者」若松勉から池山隆寛になり、岩村明憲から青木宣親を経て、今では「トリプルスリー」山田哲人に変わった。

でも、変わったのはただそれだけだ。

時代は変われど、選手は変われど、目の前には今も美しい夜空があり、まぶしい光と鮮やかな緑の中で一流のプロフェッショナルたちが鍛え抜かれた技を披露している。

そこに野球がある喜び。目の前で一流の技を堪能できる喜び。

それが、すべての野球ファンにとっての球場に対する原体験であり、原風景なのだと思う。僕にとって、神宮球場までの道のりは、人生の機微を学ぶための「通学路」だった。

子どもの頃から大のヤクルトファンだった。

人生においてもっとも足を運んだ野球場は、間違いなく神宮球場だ。どこで道を間違えたのか、大人になって12球団すべてのファンクラブに入会し、12球団ファンクラブ評論家Ⓡと名乗り始めた。初めはシャレで始めたものだったけれど、気がつけば12年が経過。今では、全国の本拠地球場に何度も何度も足を運ぶようになった。

それでもやっぱり、神宮球場は僕にとって特別なスタジアムだ。

地下鉄銀座線・外苑前駅、JR総武線・千駄ヶ谷駅、あるいは信濃町駅。どのルートを選ぶにしても、自分なりの「通学路」を通って、いつものように神宮に駆けつける。気がつけば、そんな生活を三十年以上も続けてきた。

一体、僕は今までここで何試合を見てきたのだろう？　子どもの頃から始まり、思春期真っ只中の頃、初めてのデート、浪人時代、大学時代、就活中にスーツ姿で来たこともある。

社会人になってからは仕事を抜け出して何度も来たし、会社を辞めようか悩んでいたときもあった。独立してからは原稿が煮詰まると、気がつけばスタンドに座っている。

一人の男の人生に寄り添うようにして、いつでもそこにスタジアムはある。

それがとても僕には心地いい――。

（『週刊ベースボール』16年6月13日号）

＊

16年夏のことだった。

いつものように神宮球場のライトスタンドで試合を見ていたときに、「僕が、人生でもっとも口ずさんだ歌は何なのか？」と、普段なら、絶対に考えることのないテーマが、ふと頭をよぎったのだ。

その答えは、間違いなく『東京音頭』である。

最初に歌ったのは10歳のときのことだった。以来、40代半ばの現在までずっと東京音頭を歌い続けていた。一試合に何度も何度も歌うこともあれば、数回しか歌えないこともあったけれど、40年近くこの歌を歌い続けてきた。

通っていた学校の校歌は在学中しか歌っていないし、卒業後には歌詞さえ忘れてしまっている。じゃあ、『君が代』はどうか？　よく考えてみると、大人になってから『君が代』を歌う機会はほとんどない。野球観戦において、「国歌斉唱」の際に脱帽して、神妙な顔をすることはあっても、声を出して歌うことはまずない。

カラオケに行く趣味はないので、そもそも歌を歌う機会すらない。やはり、間違いなく、人生においてもっとも口ずさんでいる歌は『東京音頭』なのだ。

（僕はこれまで、どれだけこの歌を歌ってきたのだろうか……）

そんなことを考えながら、僕は目の前の試合を見ていた。

では、初めて『東京音頭』を歌ったのはいつのことだったのだろう？

ここまで何度も触れたように、初めて神宮球場を訪れたのが80年のことだった。角富士夫の劇的なサヨナラホームランが飛び出したあの日。僕は『東京音頭』の歌詞を覚えていたのだろうか？

ハッキリと記憶しているのは、この歌の歌詞を教えてくれたのは父だということ。新聞のチラシの裏に、『東京音頭』と大書して一番の歌詞を書いてくれたのだ。

《東京音頭》
ハア　踊り踊るなら
チョイト　東京音頭　ヨイヨイ
花の都の　花の都の真中で　サテ
ヤートナ　ソレ　ヨイヨイヨイ
ヤートナ　ソレ　ヨイヨイヨイ

たったこれだけの歌詞だったけど、僕はとても嬉しかった。この歌をマスターすれば、ツバメ軍団と一緒に喜びを爆発させることができる。興奮しながら、すぐに暗記した。おかげで、当時は千葉県民だったくせに、『東京音頭』を何度も口ずさむようになった。

それ以来、神宮に行くたびに大声で歌った。

ヤクルトの応援をしながら、亡き父も含めた家族全員で「東京音頭」を歌ったのは少年の日のいい思い出として、今でも鮮やかに記憶に残っている。

やがて思春期になり、人前で大声を出すことに抵抗を覚えるようになったものの、それでも小さい声で『東京音頭』を口ずさんでいた。大人になり、ビールのうまさを知ってからは心地よい酔いとともに、ほろ酔い気分で『東京音頭』を歌うようになった。

そして、これからも僕は大好きなヤクルトを応援するために神宮球場に足を運び続け、ヤクルトが得点したり、7回裏の攻撃開始前だったり、試合に勝利したときに、『東京音頭』を歌い続けることだろう。

序章で述べたように「ヤクルトの魅力を探る旅をしよう」と決め

てから、多くのＯＢ、そして現役選手たちに話を聞いて歩いた。正直なところ、始めるまでは不安もあった。

大好きなヤクルトの選手やＯＢたちに実際に会ってみたら、とてつもなくイヤな性格で、「二度と会いたくない」と嫌いになりはしないか？　子どもの頃の思い出を汚すことになりはしないか？　そんな不安を抱えていたのだ。

しかし、当然のことながらそれは杞憂に終わった。

子どもの頃に懸命に応援していたかつての名選手たちは、温かく僕を迎え入れてくれた。神宮で聞くに堪えないヤジを飛ばしていた僕に対しても、快く受け入れてくれた。

ときには「取材」ではなく「謝罪」であり、ときには「謝罪」ではなく「感謝」という瞬間もあった。取材に協力していただいた方々には、改めて心からのお礼の言葉を伝えたい。

あなたたちの雄姿に魅せられながら、僕は大人になりました。そこには、単なるスポーツの域を超えた人生の機微がありました。

また、本書の取材、執筆の間、多くのヤクルトファンの方々からの激励の言葉をたくさんいただいた。「期待しています」「楽しみにしているぞ」という声は、くじけそうになる心をいつも支えてくれた。ファンのみなさんにも、改めて感謝。

本書では好き勝手なことばかりを書かせてもらった。あくまでも「極私的」という部分にこだわったからだ。読者の方々の中には「何で、あの選手のことを触れていないのだ」という不満をお持ちの方もいることだろう。

もちろん僕だって、「この人にも会いたい」「あの人の話を聞いてみたい」という希望はまだまだある。また、せっかくお話を聞いたのに、紙幅の関係できちんと触れられなかったり、魅力的なエピソードをカットしてしまったりしたケースも多い。

しかし、ひとまずは極私的な思いを抱いたまま、「9つの系譜」を綴ってみた。これもまたヤクルトの一面であり、そして、単に一面でしかないのも事実だ。

ファンには一人ひとり、それぞれの「ヤクルトを愛する理由」があることだろう。ひとまずは、僕なりの「愛する理由」をまとめてみた。

本書の存在が、それぞれの「ヤクルト愛」を語り合うきっかけになれば、作者としてはこの上ない幸せである。

僕はこれからも、神宮球場に足を運び続ける。

そして、東京ヤクルトスワローズを心から応援し続ける。

さぁ、今年もプロ野球が始まる。

そろそろ、神宮へ出かけるとしよう——。

2017年 3月31日、開幕戦に向かう直前に——

長谷川 晶一

長谷川《はせがわ》 晶一《しょういち》

1970年生まれ。早稲田大学商学部卒。出版社勤務を経て、2003年にノンフィクションライターに。2005年よりプロ野球12球団すべてのファンクラブに入会し続ける、世界でただひとりの「12球団ファンクラブ評論家®」……ではあるが、実は1980年に初めてヤクルトFCに入会して以来、38年間、純潔を保ち続ける一途なヤクルトファン。著書に『プロ野球12球団ファンクラブ全部に10年間入会してみた!』『このパ・リーグ球団の「野球以外」がすごい!』(以上、集英社)、『プロ野球語辞典』(誠文堂新光社)、『オレたちのプロ野球ニュース 野球報道に革命を起こした者たち』(TOKYO NEWS BOOKS)ほか多数。また、2017年より『文春オンライン』の「文春野球コラム ペナントレース2017」ではヤクルト担当として、もうひとつのペナントレースを戦っている。

公式ブログ　http://blog.hasesho.com/
フェイスブック　https://www.facebook.com/hasesho

参考文献

『ヤクルトスワローズ球団史　1992年度版』徳永喜男（ベースボール・マガジン社）
『スワローズ激動の歩み』徳永喜男（恒文社）
『国鉄スワローズ1950－1964』堤哲（交通新聞社新書）
『みんな、野球が好きだった』根来広光×小田豊二（集英社）
『ファンの皆様おめでとうございます』若松勉×周防正行（大巧社）
『スワローズ流必勝戦略』週刊ベースボール編（ベースボール・マガジン社）
『できない理由を探すな！　スワローズ真中流「つばめ革命」』真中満（ベースボール・マガジン社）
『なぜスワローズは最下位から優勝できたのか』田畑到（東邦出版）
『燕軍戦記　スワローズ、14年ぶり優勝への軌跡』菊田康彦（ＫＡＮＺＥＮ）
『絶対東京ヤクルトスワローズ！　スワチューという悦楽』坂東亀三郎×パトリック・ユウ（さくら舎）
『プロ野球画報２０１５』ながさわたかひろ（雷鳥社）
『スワローズ検定公式テキスト』（ぴあ）
『わが愛しのスワローズ　国鉄から始まった栄光の軌跡』（ベースボール・マガジン社）
『東京ヤクルトスワローズ40年史』（ベースボール・マガジン社）
『東京ヤクルトスワローズまるわかり！大百科』べ（ースボール・マガジン社）
『小さな大打者　若松勉』沼沢康一郎（恒文社）
『大杉勝男のバット人生』大杉勝男（リイド社）
『サムライたちのプロ野球』大杉勝男（徳間書店）
『翔べ神宮の星　荒木大輔』松尾俊治（恒文社）
『栗山英樹29歳　夢を追いかけて』栗山英樹（池田書店）
『古田式』古田敦也×周防正行（太田出版）
『監督』海老沢泰久（文春文庫）
『意識力　誰でもできることを本気で取り組む。』宮本慎也（ＰＨＰ新書）
『投手論』吉井理人（ＰＨＰ新書）

『私の教え子ベストナイン』野村克也（光文社新書）
『野村克也に挑んだ13人のサムライたち』橋上秀樹（双葉新書）
『そのとき野村が考えていたこと』橋上秀樹（洋泉社）
『野村の「監督ミーティング」』橋上秀樹（日文新書）
『野村の授業　人生を変える「監督ミーティング」』橋上秀樹（日文新書）
『一流になるヤツ、二流で終わるヤツ』橋上秀樹（日文新書）
『頭で投げる。』石川雅規（ベースボール・マガジン社新書）
『背番号1の打撃論』若松勉（ベースボール・マガジン社新書）
『プロ野球　最強の助っ人論』中島国章（講談社現代新書）
『勝つ　戦いにおける〝ツキ〟と〝ヨミ〟の研究』三原脩（サンケイドラマブックス）
『一勝二敗の勝者論』関根潤三（佼成出版社）
『若いヤツの育て方』関根潤三（日本実業出版社）
『地球のウラ側にもうひとつの違う野球があった』ボブ・ホーナー（日之出出版）
『野村ノート』野村克也（小学館）
『野村の実践「論語」』野村克也（小学館）
『負けかたの極意』野村克也（講談社）
『野生の教育論』野村克也（ダイヤモンド社）
『私が見た最高の選手、最低の選手』野村克也（東邦出版）
『野村「ＩＤ」野球と落合「オレ流」野球』川崎憲次郎（ＫＫロングセラーズ）
『池山隆寛のブンブンブン！』池山隆寛（小学館）
『巨人の魂　ジャイアンツＯＢからの提言』長谷川晶一（東京ニュース通信社）
※ヤクルトファンブック／週刊ベースボール／Ｎｕｍｂｅｒ／各スポーツ新聞

OPEN HOUSE
マイナビ転職
マイナビバイト
Coca-Cola
TOSHIBA
一番搾り
タフマン
TOYOTA
安藤ハザマ
Yakult ジョア
ヤクルト400
ミルージュ

白鷗大学
ONWARD
エナセーブ
JAバンク 東京
文教大学
東進ハイスクール
安藤ハザマ

いつも、気づけば神宮に
東京ヤクルトスワローズ「9つの系譜」

著　者
長谷川　晶一　Hasegawa Shoichi

2017年 5月31日　第1刷　発行

発行者　鈴木晴彦
発行所　株式会社　集英社
〒101-8050　東京都千代田区一ツ橋 2-5-10
編集部　03-3230-6371
販売部　03-3230-6393（書店専用）
読者係　03-3230-6080

印刷所　凸版印刷株式会社
製本所　株式会社ブックアート

編　集　秋山雄裕
装　丁　中山真志
写　真　下城英悟
協　力　株式会社ヤクルト球団

ISBN 978-4-08-780812-4　C0076